KB056851

중개의 정석 2

이정연 지음

이끔북스

당신은
부동산협상전문가입니까?

목 차

감사한 분들께

〈중개의 정석〉 1권을 출간한 지 벌써 4년이 흘렀다. 첫 책 출간의 기쁨도 잠시 〈중개의 정석〉 1권을 출간할 시점에 아버지의 건강 상태가 안 좋아지며 이별하는 시간을 보냈다. 예전에도 존경하는 분을 황망하게 떠나보낸 적이 있다. 하루하루 살아가는 것이 힘겹던 시절이었다. 내가 믿고 의지하던 작은아버지께서 돌아가신 것이다. 내가 돈을 벌어서 작은아버지 여행도 보내드리고, 맛있는 것도 사드릴 수 있는 날까지 옆에 계셔줄 것이라는 막연한 기대가 있었다. 그러나 막상 내가 작으나마 선물을 할 수 있는 시기에는 병석에 누워계셨고, 여행 한번 못 보내드리고, 행복한 추억 한번 못 만들어드린 채 이별하며 며칠을 울었다.

아버지와 영이별할 때는 이런 아쉬움과 미안함을 남기지 않겠다

다짐했다. 그래서 시간이 되는 주말이면 맛집도 찾아다니고 여러 나라로 여행도 보내드렸다. 그렇게 하면 언제 아버지가 떠나시더라도 할 도리를 다했다는 생각에 미안한 마음도 아쉬움도 없을 것이라 생각했다. 면죄부를 만들겠다는 생각을 했던 것 같다.

아버지 건강이 더욱 안 좋아져 손주 한 번이라도 더 보시라고 언니집 근처로 모셨다. 막상 이별할 시기가 되니 얄팍하게 만든 면죄부는 효력이 없었고, 조금 더 일찍, 조금 더 마음 편하게 모시지 못한 모든 시간이 죄스럽고 아쉬웠다.

아버지가 떠나신 후 마음을 다잡기 위해 집중할 일이 필요했다. 집에서 멀지 않고 내가 사용하기 좋을 만한 위치에 창고로 사용되던 열 평 남짓의 사무실을 계약했다. 이케아에서 가구를 샀고, 하나하나 직접 조립했다. 십여 년의 시간을 지내며 누렇게 변해버린 벽을 페인트로 칠했다. 인터넷으로 장판을 구입해 낡은 바닥을 덮었다. 부동산 사무실임을 알릴 수 있는 레터링 시트지를 디자인하고 주문해 바깥 유리창에 붙였다. 가까이 와야 보일 법한 6만 원짜리 간판을 주문해 걸었다.

3주간 온몸으로 노동이라는 걸 하고 나니 정신이 조금 맑아지는 듯 잡생각이 사라졌다. 부동산 사무실 간판을 걸고, 몇 년째 계약이 되지 않아 임대인 번호가 붙어 있던 매물을 인터넷에 올려두니 고객 한 명에게서 연락이 왔다. 그 매물 하나로 네 개의 계약을 하고 연달아 여러 건의 매매 계약을 하며 수원에서의 중개업이 시작되었다.

수원에서의 중개가 익숙해질 즈음 대형 공인중개사 실무아카데미에서 연락이 왔다. 중개 실무 컨설팅을 그 학원에서 함께 하자는 제안이었다. 이를 계기로 한동안 진행하지 않던 NSR컨설팅이 다시 시작되었다. 마음을 다잡기 위해 창고 구석에 작업실처럼 마련한 사무실에서 수많은 고객을 만나고 그들과 희노애락을 함께 했다.

전국 각지 멀게는 왕복 여덟 시간이 넘는 거리에서 수많은 공인중개사가 각자 해결해야 할 문제들을 가지고 NSR컨설팅을 찾아주었다. 함께 울고 웃었다. 억울한 상황에 처한 고객을 지켜낼 때, 수많은 거래처 사장님과 직원들의 문제를 해결해주며 감사하다는 이야기를 들을 때, NSR컨설팅을 수료하며 안 나오던 계약이 줄줄이 체결되고, 복잡해서 힘들어하던 사건을 손쉽게 해결했다며 감사하다는 인사를 받을 때마다 나라를 구한 영웅은 아니지만, 내가 도움을 줄 수 있고, 지켜낼 수 있는 사람이 있다는 것에 행복과 감사함을 느낀다.

〈중개의 정석〉 1권에서도 말했듯 나에게는 다섯 분의 인생 스승님이 계신다. 그 중 한 분이 이런 말씀을 하셨다.

"영웅이 되라"

당시 나는 그게 무슨 말이냐며, 영화에나 나올 법한 말이라고 웃어넘겼다. 작은아버지와 아버지를 보내드리며 내가 힘들고 아팠던 것은 아마 두 분이 이 세상을 떠나가셨다는 사실보다 내가 그 두 분에게 힘든 시간을 조금 덜어드리려 했는데 그걸 못했다는 사실이었던 것 같다. 나도 언제쯤 영웅이 될 수 있을까?

〈중개의 정석〉 1권에서 말한 것처럼 서울에서의 중개는 직원들을 케어하는 역할이 컸다. 물론 직원들은 영웅이 되어 해결해줄 때마다 고마워했다. 하지만 나는 정작 처음부터 곤란한 상황에 처하지 않고 고객과 중개사 모두가 안전한 계약을 할 수 있도록 그들에게 노하우를 알려줬더라면 하는 아쉬운 마음이 컸다. 그 마음의 짐을 덜기 위해 NSR컨설팅을 만들게 되었다. 중개업을 바로 알아 매출을 더욱 수월하게 내고 이로 인해 소중한 사람의 힘든 시간을 덜어줄 수 있다면, 중개업의 사건을 본인이 해결하는 실력이 있어 고객의 소중한 재산을 지키고 고객을 안전하게 지켜낼 수 있다면, 그것이 진정 우리가 몸담고 있는 중개업에서의 영웅이 아닐까 하는 생각을 해본다.

이 책을 읽는 모든 사람에겐 각자 소중한 사람이 있을 것이다. 나처럼 소중한 사람의 영웅이 되어주지 못해 아쉬운 이별을 하는 사람이 줄어들길 바란다. 또 중개업을 하는 분들은 고객의 재산과 공인중개사 각자의 재산 및 안전을 지켜낼 수 있기를 바란다. 그래서 NSR컨설팅을 수료한 분들의 사례에 비추어 NSR 노하우를 공유하고자 이 책을 쓴다. 이 책을 읽는 모든 분 각자 소중한 사람에게 영웅이 되는 데 이 책이 도움되길 바란다.

NSR컨설팅을 통해 알게 된 전국의 부동산 협상 전문 사장님들의 훌륭한 성과와 이 책 출간을 위해 기꺼이 좋은 후기와 사례로 응원해주신 NSR컨설팅 수강생들께 감사의 마음을 전한다. 책 출판에 도움을 주신 황인희 작가님께도 깊은 감사의 말씀을 드린다.

2024년 5월

이정연

나는 어떻게 8주만에 억대 연봉을 만드는 컨설턴트가 되었나

누구나 전문직으로 대우받으며 고수입을 올릴 수 있다는 기대감에 공인중개사라는 직업을 시작한다. 그러나 그 기대는 공인중개사 자격증을 취득해 현장으로 뛰어드는 순간 바닥으로 내팽개쳐진다. 전문직으로 대우받는 고수입 공인중개사는 다른 직업들과 마찬가지로 상위 1%의 극소수에게만 열리는 문이라는 것을 알게 된다. 이 책을 손에 쥔 당신 역시 현재 99%의 공인중개사가 하고 있는 확률 게임의 저급한 소개업이 아닌 상위 1% 영역이 존재한다는 것을 알고 그 비법을 찾다 여기까지 왔을 것이다.

나는 〈중개의 정석〉 1권에서도 언급한 바와 같이 열 명의 직원과 함께 중개 법인을 운영했다. 많은 직원에게 매출을 올리는 방법을 알려주었다. 그리고 수시로 고객들로부터 괴롭힘을 받는 사건을 해결하였다. 그 과정에서 대한민국의 공인중개사가 유독 전문가 대우를 받지 못하는 핵심 원인을 알게 되었다. 그 원인을 파악하고 그 해결책을 NSR(부동산협상전문가)컨설팅으로 커리큘럼화했다. 그러자 전국에서 백여 명이 넘는 공인중개사가 찾아와 컨설팅 과정을 수료했다.

시중에 판매되는 중개 실무 관련 교육에는 초보 공인중개사가 대부분이지만, **NSR컨설팅 수강생은 80% 이상이 경력자**였다. 심지어 **십여 년이 넘은 경력을 가진 공인중개사도 심심찮게 수강했다. 초보부터 경력자까지 창업의 두려움, 고객의 하대, 매출의 저조, 폐업 직전의 상황, 공동 중개 사장의 갑질 등 제각각 다양한 문제를 가지고 찾아왔다.**

이들 대부분은 NSR컨설팅 8주 과정을 수료하는 동안 각자 문제점의 솔루션을 찾아 이를 현장에 적용했다. 그러자 몇 년간 매출이 거의 없던 중개사는 **수강 기간 1억 원의 매출**을 냈다. 월 1,000만 원을 벌던 중개사는 언제 매출이 떨어질까 두려움에 찾아왔고 **수강 기간 7,000만 원의 매출**을 냈다. 고객의 갑질과 하대로 고객과 대화조차 두려웠던 중개사는 나가서 고객을 데리고 들어오는 수준이 되었고, 자연스럽게 매달 최고 매출을 갱신하고 있다.

나이가 어리다는 이유로 공동 중개 사장에게 무시당하고 끌려다니던 중개사는 8주가 지나자 경력 많은 공동 중개 사장들에게 전문가 같다는 인정을 받으며 계약 전반을 리드하는 전문중개사가 되었다. 무리한 부동산 개업 비용과 높은 임대료로 유지조차 힘들어 폐업 직전이던 초보 중개사는 단숨에 2,000만 원의 매출을 냈다. 이 중개사는 수료한 지 얼마 지나지 않아 우리에게 아파트 매매를 스무 건이나 했다는 소식을 전해왔다.

1억 원으로 창업하겠다고 찾아온 중개사는 50만 원으로 창업해 월 3,000만 원의 매출을 달성했다. 이 외에도 수많은 성공 사례가 쏟아지고 있다. 매출부터 전문성을 인정받는 성과는 '선진부동산중개연구소' NSR컨설팅 후기에서 실시간 확인할 수 있다.

당신은 지금 초보인가? 아니면 경력이 오래되었는데도 고객에게 시달리고, 공동 중개 중개사들에게 휘둘려 힘든 중개를 하고 있는가? 이 책을 찾아온 이유가 무엇이든 경력이 얼마가 되었든 상관없다. **당신이 공인중개사라면 당신이 찾는 정답은 이 책 안에 있다.** 우리나라 중개 실무 컨설팅 중 최고 가격에도 불구하고, 수료생들은 8

주가 끝나고 최고의 스승상, 피규어 트로피, 케이크, 꽃다발 등으로 이 컨설팅을 진행해주어 감사하다는 표현을 해주고 있다. 폐업을 고민하며 컨설팅료를 내는 것이 부담스러워 고민하다 수강했던 공인중개사는 종강일에 한 손에 잡히지도 않는 큼지막한 복숭아와 현금 30만 원을 선물해주었다.

모든 선물이 감사하지만 가장 기억에 남는 선물은 수강생들이 정성스럽게 준비해서 남겨주는 영상 후기이다. 대가를 주고 부탁하는 타 교육업체와 달리 어떠한 혜택도 없는 순수한 부탁임에도 불구하고 80% 이상의 수강 사장님들이 후기를 남겨주고 있다. NSR을 수강한 중개사들은 고가의 컨설팅 금액을 지불하고 수강했음에도 불구하고 왜 영상 후기와 선물을 줬을까? 이유는 간단하다 지불한 금액 대비 만족도가 높았기에 때문이다. 이를 중개업에 적용해보자!

공인중개사가 고객에게 인정받는 자격증이 되고 매출을 높일 수 있는 방법도 동일하다. 공인중개사도 고객이 지불하는 중개보수료보다 더 큰 만족도를 줄 수 있는 중개사의 전문성을 갖춘 실력이 있다면 당신도 고객에게 전문가로서 인정을 받고 단숨에 억대 연봉의 대열에 합류할 수 있다. 그 핵심 원리를 알려주기 위해 이 〈중개의 정석〉 2권을 펴낸다. 물론 한 학기 분량이라는 말이 나올 정도의 커리큘럼인 NSR컨설팅 8주 과정과 교재 네 권 분량을 이 책 한 권에 풀어낼 순 없다.

그러나 시중에 판매되는 대부분의 중개 실무 교육으로 중개업의 전문성을 잘못된 곳에서 찾는 수업에 익숙해 수억 원의 비용과 희망 고문하는 공인중개사가 제대로 된 방향을 알게 된다면 수억 원의 기회비용과 시간을 줄일 수 있다. 그로 인해 제대로 된 **전문성을 지닌 공인중개사가 많아질수록 대한민국의 공인중개사도 법무사, 변호사, 세무사처럼 사회적으로 인정받는 자격증이 될 것이라 확신한다. 그래서 최소 10년의 방황을 줄여줄 수 있는 공인중개사의 전문성 방향을 공개하기로 결정한 것이다.**

자, 당신도 전문성을 지닌 억대 연봉 공인중개사가 될 준비가 되었는가? 그렇다면 시작하겠다. 각 단계별 제시한 문제와 미션을 수행하여 이 대열에 합류하길 바란다.

NSR 부동산협상전문가 7단계

상위 1% 중개전문가로 가는 NSR 7단계

NSR컨설팅을 풀어 적으면 'Negotiation Specialist Real es-tate agent' 즉, **협상전문중개사**라는 뜻이다. 센스있는 사람이라면 공인중개사의 핵심 업무 영역이 무엇인지 눈치챘을 것이다. 그렇다. **공인중개사의 전문성은 협상력에 있다.** 나이 든 사람이 나이 어린 사람보다 중개업을 더 잘할 수 있다는 말을 한 번쯤 들어봤을 것이다. 이 말이 나온 데는 나이 든 사람은 젊은 사람보다 계약의 합의점을 잘 찾아낸다는 연륜을 높게 평가한 말이다.

예전에는 나이 든 사람이 젊은 사람보단 협상력이 좋을 수 있다고 생각했고, 실제 그 지역 마을 주민의 수저 개수까지 다 알 정도로 실정에 밝아 현명한 중재를 할 줄 아는 나이 많은 사람이 중개를 했다. 그들은 동네 주민들의 분쟁을 중재하는 역할도 수시로 했다. 이런 사람들이 계약을 진행하면 성사율도 높았고 분쟁이 발생되어도 해결에 능숙했기에 이런 사람들이 마을 사람들의 존경을 받으며 중개업을 해온 것이다.

중개하는 사람을 '브로커(Broker)'라고도 표현한다. 19세기 뉴욕

월스트리트에 투기꾼들이 몰리면서 브로커라는 명칭은 사기꾼의 이미지를 만들었다. 더군다나 우리나라에서는 브로커라는 단어가 사기꾼 이미지가 강해 잘 사용되지 않지만 외국에서는 부동산중개사를 '브로커'라고도 표현한다. 브로커란 양 당사자 사이에서 중개를 하는 모든 직업의 사람들을 지칭한다.

이 브로커라는 직업의 다른 한 가지 예로 무기브로커라는 직업을 들 수 있다. 무기브로커가 양 당사자 사이에서 한 재화를 거래하기 위해 중개를 한다는 것은 공인중개사와 같다. 다만 그 거래 대상만 부동산이 아닌 무기인 것이다. 이 무기브로커란 실제 전 세계에서 인정받으며 고수익을 거둬들이는 직업 중 하나이다. 중학교 때 담임선생님의 추천으로 읽게 된 책의 주인공을 통해 이 직업을 알게 되고 상당히 큰 충격을 받았었다. 여리여리한 여자 주인공이었는데 무기를 거래하는 브로커 일을 한 것이었다.

무기는 전쟁을 하기 위해서도 거래되지만 대부분 국방력을 키워 나라를 상호 견제하기 위해 사들인다. 이 무기를 구입하기 위해 나라 간 무기 거래에 능통한 브로커가 개입된다. 하나라도 더 최신형의 고성능 무기를 사들이기 위해 유능한 브로커를 앞다투어 스카우트한

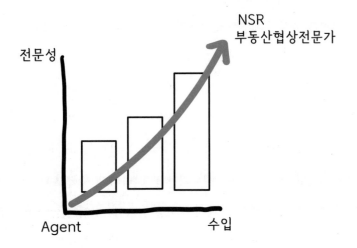

다. 어떤 무기를 매수하느냐에 따라 그 나라 국방력의 레벨이 정해지기에 좋은 무기의 보유는 국방력 강화에 큰 도움이 된다. 이에 유능한 브로커 스카우트가 중요하고 그 실력만 입증되면 앞다투어 그 브로커 잡기에 바빴다. 이렇게 스카우트된 유능한 브로커는 고객이 원하는 좋은 조건의 무기를 구입할 수 있게 하고, 고객은 그에 감사하다는 표현으로 고액의 성과급을 지급한다. 이들의 몸값은 날이 갈수록 높아진다.

중개업 즉 브로커란 직업은 이렇게 양 당사자 간 의사 결정의 합의점을 잘 찾아내는 고급의 능력을 지닌 사람들이 하는 직업이다. 부동산을 중개하는 공인중개사 역시 이 무기브로커처럼 고객에게 인정과 제대로 된 대우를 받을 수 있는 전문성을 지닌 직업이 되어야 한다. 무기를 거래하든 부동산을 거래하든 재화는 다르지만 브로커란 직업은 사람과 사람 사이에서 거래 중재 역할을 한다. 그래서 인정을 받아 고객을 리드할 수 있을 정도의 전문성을 갖추지 못한다면 매물 소개꾼으로 전락할 수밖에 없는 것이다.

그러나 현존하는 대부분의 중개 실무 학원은 중개 사고에 포인트를 맞춰 중개사의 전문성을 변호사나 법무사의 영역인 법률에서 찾으려 한다. 그 결과 현재 상당수 공인중개사는 어설프게 따라 하는 위험한 법률 조언과 특약 작성으로 고객은 사건 사고에 휘말리고 공인중개사 자신은 중개 사고의 중심에 수시로 서게 되었다. 무기브로커처럼 고객을 리드하고 이루어낸 성과로 인정을 받기는커녕 공인중개사는 고객에게 매물 소개하는 소개꾼이며 그 자격증은 전문성 없는 수준 낮은 자격증이라는 인식을 자리잡게 한다. 오히려 공인중개사가 사회적 을의 위치에 정착하는 데 큰 기여를 하고 있는 것이다.

수백 명의 공인중개사를 컨설팅하면서 현재 우리나라 공인중개사에게 가장 필요한 것이 무엇인지 알게 되었다. 그것은 바로 다른 재화를 중개하는 브로커들과 달리 우리나라의 공인중개사에게만 없는 협상력이었다. 고객보다 낮은 수준의 시험용 법률에 고객의 계약을 결정하는 핵심 원리도 파악하지 못하는 수준으로 매출만 올리려고 중개보수료로 협상하거나 고객의 심부름을 서비스라 생각하며 중개업을 하니 협상이 될 리 없다. 오히려 고객은 공인중개사에게 갑질을 일삼고 있다.

이 책에서 소개할 NSR컨설팅의 핵심은 이 브로커라는 직업에 꼭 필요한 협상력을 아주 짧은 시간에 확 끌어올려줄 수 있는 유일무이한 커리큘럼이다. 이 협상력이 장착되면 매번 다르게 나타나는 상황에서 유연하게 매출을 올리고, 사건 사고를 조기 차단하거나 해결하는 능력이 생긴다.

그런데 현재 시중에 판매되는 하위 99%의 중개 실무 학원의 교육들과 차원이 다른 영역이다 보니 수강 전 많은 사람이 대체 무슨 내용을 알려주는 것인지 이해되지 않는다며 커리큘럼 자체를 어려워한다. 그러나 **수강 첫날이 끝나면 '경이롭다', '대치동 쪽집게 과외이다'라는 찬사를 쏟아낸다. 고액의 컨설팅료를 지불한 수강생들이 첫날 본전 뽑았다고** 생각하는 이 NSR컨설팅 노하우를 7단계로 나누어 설명하겠다. 부동산협상전문가로 가는 총 7단계 내용을 간략히 정리하자면 다음과 같다.

부동산협상전문가 7단계

제1단계_하위 99% 프레임 제거하기

현재 공인중개사들 사이에는 이상한 법률과 해괴한 관례가 존재한다. 가장 대표적인 것으로는 '잔금일로부터 6개월은 매도인이 하자보수를 해줘야 한다', '다 원래 그렇게 해요', '여기는 창고나 사무실만 들어와야지 상가가 들어오면 망해나가요~', '가계약' 등. 이런 잘못된 법률이 돌아다니는데 이런 이상한 편견으로 계약의 기회를 수없이 줄이며 자신을 우물 안으로 몰아넣는다. 이 **잘못된 하위 99%의 프레임만 제대로 걷어내도 매출 기회를 30% 상승시킬 수 있다.**

제2단계_중개 원리 장착

계약만 하면 사사건건 트집을 잡는 고객을 만나거나 중개보수료로 괴롭힘을 겪어본 사람이라면 이 원리가 장착되지 않았을 확률이 높다. 그리고 이 중개 원리는 매출과도 직접적인 연관이 있다. 중개업의 핵심인 협상을 끌어내어 계약이라는 결과를 얻기 위해서는 이 원리가 모든 판단의 기준이 되어야 한다. 이 원리를 모르는 사람은 법률을 아무리 공부해도 몇 1,000만 원을 광고에 쏟아부어도 매출로 이어지지 않는다. 이 원리를 장착하면 타 업종에서도 단기간에 높은 성과를 낼 수 있다.

제3단계_중개 카테고리와 콘셉트 타게팅

사람마다 각자가 가진 장점이 있다 이 장점을 잘 살린 콘셉트와 그 사람이 잘 할 수 있는 카테고리로 중개업을 해야 고수입으로 연결될 수 있다. 그러나 대부분 공인중개사는 자신의 성향이나 맞는 카테고리 분석 없이 자신과 맞지도 않는 원·투룸으로 시작하거나 주거용을 하며 적은 수입에 고된 시간을 보낸다. 실제 NSR 과정을 통해 **카테고리를 변경한 수강생은 훨씬 적은 시간을 일하며 서너 배, 많게는 스무 배까지 매출을 달성**했다. 타게팅은 중개업 시작 시 성패를 가르는 요소라 해도 과언이 아니라고 할 만큼 중요하다.

제4단계_중개사용 고급 법률의 장착

중개사가 현장에서 사용해야 하는 법률은 특약 한 줄, 상담 한 마디로 고객과 자신을 안전하게 지켜낼 수 있는 중개사용 고급 법률이다. 중개사의 고급 법률이 장착되어 있어야 중개 사고 없이 매출을 고스란히 순수입으로 연결할 수 있다. 이 영역이 부족하면 매출은 일어나지만 중개보수료를 못 받거나 이를 중개 사고 수습용으로 메우기에 바빠진다.

최근 이슈가 된 전세 사기 사건에서 억울하게 손해배상금을 물어주는 중개사가 속출했다. 계약 당시에는 불법이라고 명확한 법률이나 판례가 없기에 해도 되는 줄 알았던 것이다. 당시에 불법이라고 명확한 선이 그어져 있지 않았지만 사회적 이슈가 되면서 애매한 법률과 제도는 불법이 되곤 한다. 이로 발생된 손해배상금을 부담할 사람이 필요했다. 이에 법률적 지식이 부족한 중개사들이 그 책임을 떠안게 된 것이다. 사건이 발생된 후 법률 전문가를 찾아간다 한들 물은 이미 엎질러진 후다. 해결책은 없다.

그럼에도 시중에서 판매되는 중개 실무 교육의 법률 파트 수준은 공인중개사 자격 시험 교수들이 교육할 수 있는 시험용 법률 교육에 멈춰 있다. 중개사는 추후 발생할 만의 하나를 계산할 수 있는 실무용 법률 즉 중개사용 고급 법률을 익혀야 한다. 그래야 이런 이슈나 사회적 변동에도 고객과 자신을 지킬 수 있다. 그리고 이 고급 법률은 남들은 할 수 없다는 계약을 안전하게 진행해 돈으로 만들 수 있게 도와준다. 이 NSR 제4단계 중개사용 고급 법률은 중개 사고 해결과 매출 상승에 매우 중요한 역할을 한다.

제5단계_중개 스피치

우리가 고객을 만나 대화하는 시간은 매우 짧다. 전화 통화를 한다면 2분에서 10분 내외이다. 미팅을 해도 길어야 한 시간 내외일 것이다. 그 짧은 시간 동안 우리는 중개 사고와 연결되지 않는 안전한 화법으로 고객이 계약하고 싶게 만들어야 한다. 하위 99%의 중개사들은 중개 사고가 계약서 특약에서 일어난다고 생각하지만 현장에서 **대부분 사건 사고는 첫 계약 미팅부터 발생한다.** 구두로 하는 말한 마디로 중개 사고가 시작되는 것이다. 그리고 그 짧은 대화 속에서 이미 계약은 결정된다. NSR 수료생은 현장에서 중개 스피치로 계약했다는 사례와 계약 후 맘 편히 발 뻗고 잔다는 사례를 심심치 않게 전해주고 있다. 당신의 중개 스피치 실력을 키워라! **고객을 만나는 3분! 그 짧은 황금 타이밍에 모든 중개 사고와 계약이 결정된다.**

제6단계_부동산 매물 전문성 장착

매출이 저조한 중개사들이 수없이 하는 말이 있다. 좋은 매물이 없어 계약이 안된다. 그리곤 매물 소유자들의 전화번호가 있으면 계약할 수 있을 것이라 기대하며 개인정보보호법을 위반하며 소유자들의 명단과 전화번호들을 사고 판다. 불법까지 감행하며 큰 금액을 주고 소유자 명단과 전화번호를 샀지만 생각처럼 계약은 일어나지 않는다. 이런 생각과 방식은 하위 99%의 중개사들이 하는 방식이다.

내가 강남에서 중개 법인을 운영할 때 하위 99% 직원들은 "가성비 안 좋은 공실클럽(서울 일대 소유자와 중개사 간 중개 의뢰 연결 사이트) 매물밖에 없어서 계약을 할 수 없다"라는 말을 자주 했다. 그러나 내가 강남에서 계약한 매물과 우리 사무실 상위 1%의 직원들이 계약한 매물은 모두 공실클럽 매물이었다. **수원에 와서는 서른 군데 부동산에서 매도 가격이 비싸 매매할 수 없다며 돌려보낸 고객의 부동산을 나는 이틀 만에 팔았다. 그 계약을 완료하고 정확히 3개월 만에 이런 매물 또 없느냐는 문의가 빗발쳤다.** 그리고 주변 부동산들이 하나같이 죽은 상권이라 단정지어 텅텅 비었던 상권에서 많은 매매와 임대를 맞추며 고수입을 냈다. 현재 이곳은 공실은커녕 권리금 없이 들어오기 힘든 상권이 되었다. 상위 1%의 중개사가 되고자 한다면 고객보다 눈이 훨씬 높아지는 이 매물 전문성을 장착하라.

제7단계_설계 가능한 부동산협상전문가로서의 비상

1단계에서 6단계가 장착되면 남들이 할 수 없는 제3의 영역이 눈에 보이기 시작한다. 즉 계약을 설계하는 궤도에 오르게 된다는 뜻이다. **중개 법인에서 세 명의 공인중개사가 3개월을 매달려도 계약할 수 없었던 것을 나는 단 이틀 만에 계약했다. 그것도 양쪽에서 중개보수료를 최고요율로 잘 받았다. 그 계약으로 딸려온 계약이 수 건이고 연결된 매물이 열 건이 넘었다. 광고 비용을 들이기는커녕 나를 소문내주는 사람들이 생긴 것이다.**

이 영역에 들어서면 비싼 광고료와 많은 시간을 할애하지 않고도 계약을 하게 된다. 이런 선순환이 여러 건 연결되면서 중개업을 하는 기간이 늘어난다면 쉽게 전화 몇 통으로 계약이 연결된다. 그리고 중개보수료도 높아진다. 이것이 내가 중개업이 가장 쉽게 돈벌 수 있는 영역이라고 말하는 이유다.

1단계부터 7단계의 간략한 요약을 읽은 당신은 지금 어떤 생각이 드는가? 센스있는 사람이라면 다른 중개 실무 학원에서 교육하는 커리큘럼과 완전히 다른 차원의 컨설팅이라는 것을 눈치챘을 것이다. 전문성을 인정받으면서 고수입으로 가는 선진화된 상위 1%의 공인중개사가 되고자 한다면 당신에게 필요한 중개 실무의 교육이란 이런 것이다.

자, 지금부터 1단계에서 6단계까지 각각 주어지는 미션을 수행하면서 지금과 다른 상위 1%의 공인중개사 NSR 영역을 경험해보길 바란다.

Chapter1.

억대 연봉 공인중개사가
몰래 찾아오는
컨설턴트

NSR의 탄생 : 벼랑 끝에 내몰린 공인중개사

〈중개의 정석〉1권에서도 언급한 바와 같이 법무 일을 할 때 나의 역할은 민원의 해결이었다. 고객의 클레임이나 상황상 극단의 분쟁이 예견되는 현장이라면 내가 투입됐다. 그러면 나는 곧잘 상황을 해결했다. 드라마틱하다는 평도 자주 받았다. 이런 해결 능력을 가지고 중개업을 하니 계약이 매우 쉬웠다. 법무일할 때 모시고 있던 사무장님은 계약 절벽인 시기에 내가 기계처럼 찍어내는 양타 매매계약서들을 보곤 놀라 5분간 입을 못 다물 정도였다. 고객은 매우 고마워하며 중개보수료도 잘 줬고, 고객은 나를 홍보해주기 시작했다. 일방의 변심으로 발생하는 이벤트들도 곧잘 해결했다. 중개업이란 짧은 시간 일하고 돈 벌기 참 좋은 직업이라고 생각했다.

그러다 내가 직원을 두고 중개업을 하면서부터 나는 싸움닭이 되어갔다. 고객들은 직원들에게 화를 내기 시작했고, 중개보수료로 갑질 아닌 갑질이 이어졌다. 심지어 억대 연봉을 찍던 직원은 중개업 자체를 그만두겠다는 말까지 할 정도로 고객들로부터 심한 스트레스를 받았다. 고객들의 클레임을 해결하기 위해서 나는 하루가 멀다

하고 극단의 해결 방법을 설계했다. 다양한 사건에서 고객들의 사과와 중개보수료를 잘 받아내며 열 명의 직원과 사무실을 꾸려갔다. 우리 직원을 괴롭힌 고객에게 사과를 받아내면 큰 일을 해낸 것처럼 뿌듯했다. 나의 노력으로 멘탈을 잡고 또 열심히 일하는 직원들을 보고 있으면 내가 잘 살고 있는 것이라고 생각했다.

그렇게 몇 년을 지내다 보니 직원들과 친분 있는 중개사들에게 발생되는 중개 사고 유형이 비슷하다는 것을 알게 됐다. 같은 유형인데 당사자만 다르게 끊이지 않고 발생됐다. 대부분 중개사는 고객 한 명과 열 번에서 스무 번의 미팅을 하며 한 건의 계약도 상당히 힘들게 했다. 비슷한 유형의 사고 해결 방법과 더욱 쉽게 계약하는 방법이 있다고 알려주었다. 매출은 초고속으로 올랐지만 현재 습관에 고정된 사람들은 변화를 두려워 했고 그 하위 99%의 중개 루틴을 반복했다.

하루는 그날도 여지없이 한 직원 고객의 클레임을 극단적으로 해결하고 사무실로 돌아와 책상에 앉았다. 시계를 보니 밤 아홉 시였다. 그런데 문득 거울을 보니 그 속엔 새치가 허옇게 내려앉은 늙은 여자가 보였다. 수북해진 새치와 굵게 자리잡힌 주름을 가진 내 모습이었다. 나는 문득 내가 잘 살고 있는 것인지 의문이 들었다.

혼자 중개업을 할 때는 고객들과 웃고 떠들며 즐겁게 일하다 뷰티 케어받으러 다니는 것이 내 일상이었다. 그러나 당시 거울 속에 비친 나는 하루가 멀다 하고 고객과 고도로 팽팽해진 긴장 상태를 해결하느라 매일 늦은 퇴근과 굵게 패인 주름에 폐인의 모습이었다.

방법을 알려줘도 변하지 않는 친분 있는 중개사와 직원들에게 지칠 대로 지쳐갔다. 당장 이 사람들에게는 나의 노하우가 간절하지 않을 수 있다는 생각이 들었다. 그래서 상위 1%의 NSR 방식이 간절할 사람들에게 이 노하우를 전달해야겠다는 생각이 들었다. 내가 잘 하는 것은 쉽지만 다른 사람을 가르쳐 좋은 결과를 내도록 하는 능력은 전혀 다른 영역이다. 그래서 이 노하우를 더 잘 전달하기 위해 전문가를 찾아다니며 오랜 시간 노력한 결과 나의 노하우를 교재 네 권으로 진행하는 NSR컨설팅으로 프로세스화하는 데 성공했다.

유명 강의 플랫폼에서 여러 건 섭외 전화가 왔다. 그러나 말 그대로 상위 1%의 노하우였기에 프리미엄 전략을 유지하고자 모두 거절했다. NSR컨설팅을 공개하자 〈중개의 정석〉 1권을 출간하기도 전에 수강생들이 찾아왔다. 전국 각지에서 100여 명이 넘는 공인중개사가 다양한 문제점을 가지고 찾아왔다. 이미 억대 연봉의 공인중개사부터 무턱대고 창업한 초보 개업 공인중개사까지 NSR컨설팅을 찾아오는 이유는 다양했다. 그런데 이들 대부분은 종강날이 되면 이런 말을 하곤 했다.

"이 컨설팅 그만하셨으면 좋겠어요!"
"저만 알고 싶어요!"
"저는 이 컨설팅, 주변에는 비밀로 할 거에요."

그렇게 NSR컨설팅은 시작되었다.

초보 창업 2개월, 8주 수료 후 십수 년 경력자로 인정받다

이 컨설팅을 세상에 처음 내놓자 사람들의 반응은 냉랭했다. 겨우 8주 그것도 주 1회에 다섯 시간씩 컨설팅하면서 국내 최고 가격을 받는 중개 실무 교육이었기 때문이다. 잠시 함께한 대형 실무 교육 학원 담당자에게도 NSR컨설팅 가격을 낮춰야 한다는 요청이 빗발쳤다. 대부분의 중개 실무 교육은 비싸봤자 6개월 과정에 200만 원선이었고, 1년 과정에 100만 원대 과정도 여럿 있었기에 나의 컨설팅은 경쟁력이 밀려 수익성이 없다는 이유였다.

하지만 나는 최소한의 합의로 프리미엄 전략을 유지했다. 어차피 시중에 판매되는 중개 실무 교육과 차원이 다른 상위 1% 그룹을 만드는 것이 최종 목표였기에 이 NSR컨설팅으로 박리다매식 장사를 하고 싶지는 않았다. 고가의 컨설팅료를 낸 것이 아깝지 않다는 생각이 들게 하는 것이 이 컨설팅의 목표였다. 이런 내 고집에 어쩔 수 없이 나의 프리미엄 전략으로 NSR컨설팅이 진행됐다.

왜 이 NSR컨설팅만 수강료가 비싸냐고 항의하던 한 수강생은 맘에 안 들면 바로 환불해준다는 조건을 받아내고 수강했다. 첫 수업이 끝나고 그 수강생은 맨 첫 줄로 옮겨 앉고 하루도 빠짐없이 출석하며 누구보다 열심히 했다. 그렇게 이 NSR컨설팅은 그 대형 학원의 모든 과정 중 가장 좋은 평가를 받았다. 이 대형 학원에서 하루 여섯 시간 특강을 해달라는 요청이 왔다. 특강이 포함된 중개 실무 교육 과정에는 나 이외에도 열 명이 넘는 교수가 들어간다. 그런데 단하루를 진행한 나의 시간이 최고 평점을 받았다고 한다. 담당자는 이 말을 전해주며 중개 실무 과목을 전담으로 맡아달라고 요청했다. 하지만 NSR컨설팅만 진행하겠다며 감사했지만 제안은 사양했다.

그 후 프리미엄 전략을 유지하려는 나와 그 학원의 박리다매식 판매 전략이 맞지 않아 결국 따로 가기로 했다. A씨는 그 대형 학원에서 두 번의 NSR컨설팅을 진행하며 만난 수강생으로, 아직까지 좋은 소식을 주고받는 분이다. A씨가 이런 후기를 남겨주었다.

"'다른 부동산에도 문의했는데 사장님이 해주세요!'라며 고객이 먼저 저를 찾게 되니 중개 업무에 여유가 생기고 자부심도 들더라구요. 만난 지 30분 만에 매매 계약을 했으니 상상이 되시는지요?"

A씨를 처음 만난 건 대형 학원에서 진행했던 공개 특강에서였다. 그녀는 공개 특강이 끝나고 NSR컨설팅을 수강 신청했다. A씨는 자격증을 취득하고 바로 개업해 몇 개월 운영하면서 중개사를 정보 제공

하는 사람으로 스스로 오인했다고 한다. 그래서 을처럼 끌려다니면서 겨우 계약하고 감정의 피로감이 너무 컸다. 보다 나은 중개를 할 수 없을까 하는 갈등을 느끼고 있던 차에 남편의 권유로 유튜브 '부동산 논리정연(현 중개의정석, NSR컨설팅)' 채널을 보고 NSR컨설팅에 찾아온 것이었다.

A씨는 NSR컨설팅을 수강할 당시 계약은 하고 싶은데 주변 공인중개사들이 모두 말리는 계약을 하나 진행하고 있었다. 중개 사고 나면 어쩌나 위험해보여 선뜻 계약으로 연결하지는 못하면서도 계약을 버리지도 않고 굳이 나를 찾아온 것이다. 간혹 질문해 오는 사람들의 사건을 들여다보면 안 될 일에 목숨 걸고 시간과 기회비용을 날리고 있는 경우가 상당수다.

그러나 A씨는 될 계약인지 아예 안 될 계약인지 제대로 된 판단할 수 있는 지식이 없는 상태에서도 사건 분별 능력이 발달된 사람 같았다. 말하자면 사건에 대한 촉이 있는 사람이었다. 이 수강생은 NSR컨설팅이 시작된 지 몇 주 만에 이 계약을 안전하게 성사시켜 돈으로 환산해왔다. 긴 생머리에 단아한 분위기의 이 수강생은 말하는 방식이 일반인과 달랐다. 복잡한 사건임에도 불구하고 내가 알아듣기 쉽게 설명할 줄 알았다. 컨설팅이 시작되기 전까지 불안해서 계약으로 연결은 못했지만 그 긴 시간 고객이 도망 못 가게 잡아두었다. 이런 사람이라면 계약으로 연결할 수 있게 자유자재로 꺼내쓸 수 있는 NSR 제4단계 중개사의 고급 법률만 잘 갖춘다면 고객에게 신뢰받는 상위 1% 공인중개사 대열에 금방 들어설 것 같았다.

아니나 다를까. NSR컨설팅이 시작되자 매주 배운 도구를 실전에 활용해 바로바로 돈으로 바꾸어 왔다. 하나를 알려주면 그 하나를 바로 적용했고 매출이라는 결과로 나타낸 것이다. 신기하게도 A씨에게 매주 진도에 맞는 고객이나 사건이 일어났다. 당연히 못 받을 것이라 생각했던 중개보수료도 받을 수 있고 받아야만 하는 기준과 이유와 방식을 컨설팅하자 전액 모두 받아왔다. 대부분 공인중개사가 주먹구구식으로 진행하는 한 유형의 계약도 정확히 알고 나자 바로 그와 관련된 계약을 체결해왔다. 심지어 한 법인 고객은 A씨 같이 전문가로 중개하는 분은 처음 본다며 몇 개월 안된 이 분의 중개 경력을 십수 년의 오랜 경력자로 생각했다. 이 법인의 고객에게 무한 신뢰를 얻어 아파트 매물 여섯 개를 전속으로 받아 계약을 완료했다. A씨는 종강 후에도 많은 후기를 남기며 소식을 전하고 있다.

NSR컨설팅이 진행되는 기간만 해도 A씨는 컨설팅 수강료 몇 배의 금액을 벌어들였다. 하지만 A씨의 사례를 자세히 보면 일반 공인중개사의 시각에서는 무엇 하나 쉬운 것은 없다는 것을 알 수 있다. 일반 공인중개사들이 하지 말라고 말렸던 계약을 돈으로 만들었고, 일반 공인중개사들이 받을 수 없다고 했던 중개보수료를 받아냈다. 또 일반 공인중개사들이 주먹구구식으로 진행하며 어려워하는 계약을 하고 전속 매물 여섯 개를 받아낸 것이다. 일반 공인중개사의 눈높이에서는 발생시킬 수 없는 수입이 발생한 것이다. 즉 현재 중개 시장에 만연해 있는 얕은 지식만으로는, 포털 사이트가 할 수 있는 매물 소개 영역인 레드 오션 시장에서 힘겨운 경쟁에 머무를 수밖에 없다는 뜻이기도 하다. **이렇듯 중개업에서 고객에게 전문가로 인정받기 위해서는 오랜 경력이 필요하지 않다. 단, 고객이 먼저 오랜 경력자라고 신뢰할 수 있는 초고수의 실력만 갖추면 된다.**

컨설팅이 끝나고 몇 개월이 지난 어느 날, A씨는 아파트만 중개하던 자신이 사무실 매매 두 건을 동시에 진행했다는 소식을 전해왔다. 혼자 양타로 진행하다 보니 심적 부담은 컸지만 겉으로는 매우 순조로운 매매 건이었다고 했다. 중개사가 중심에 서서 즐겁게 일하는 방법을 배우고 이를 실무에서 체험하게 된 것이다. 그렇게 A씨는 자연스럽게 억대 연봉 공인중개사의 대열에 합류하게 되었다.

그 후 어떻게 되었겠는가. 이미 아파트 단지에서는 팬클럽이 생길 정도로 인기가 많아졌다. 고객들은 사무실을 옮기지 말라고 만류할 정도였다. 그러나 돈의 맛을 경험한 A씨는 예전에 남편이 사둔 상업 지역 내 3층에 위치한 자신 소유 상가로 부동산 사무실을 이전했다. 실력만 있다면 권리금이나 월세가 높은 전면 1층일 필요가 없다는 것을 알게 된 것이다. 그리고 현재 A씨는 이전한 자신의 사무실에서도 고수입의 매출을 꾸준히 달성하고 있다.

대형 포털 사이트가 공인중개사를 위협한다는 이야기는 한 번쯤 들어봤을 것이다. 대형 포털 사이트가 거래 당사자 간 직거래를 할 수 있는 시스템을 갖추어 공인중개업 시장을 잠식하겠다는 것이다. 이 책을 읽고 있는 당신도 공인중개사가 사라질 직업이라고 생각한다면 이것을 알아야 한다. 부동산 거래를 많이 해 본 사람일수록 더욱 공인중개사를 통해 계약한다는 것을 말이다. 그러나 조건이 붙는다. 일 잘하는 공인중개사를 찾아 계약한다는 것이다.

50만 원 창업으로 월 매출 3,000만 원 달성한 초보 공인중개사

젊은 남자 B씨가 창업을 하기 위해 NSR컨설팅에 찾아왔다. 자격증을 취득하고 바로 창업할 생각이었기 때문에 중개 실무 교육을 듣고 시작해야겠다고 온 것이다. B씨는 30대 초반으로, 대기업에 다니다 제2의 직업으로 공인중개사 자격증을 취득하고 창업을 준비하고 있었다. 배우자와 어린 자녀가 있는 젊은 가장이기 때문에 이직을 결정하기가 쉽지 않았을 것이다. 짊어진 무게가 컸던 만큼 더 열심히 잘 해야겠다는 책임감도 강했다.

B씨는 컨설팅 기간 내내 매우 열정적으로 임했다. 과제도 열심히 해오고 컨설팅 중간에 어떤 미션을 시키면 어려운 것이라도 해내는 시늉이라도 하며 결국 우수상까지 수상하며 컨설팅을 수료했다. 중개 실무 경험이 없었던 만큼 중개업을 어디서 어떻게 시작할지 고민이 많았다. 창업 비용으로 1억 원을 준비했다며 전국 어디든 갈 준비가 되어 있었다. 돈을 벌 수 있는 곳이라면 전국 어디든 가서 혼자 쪽방이라도 얻어 시작하겠다며 결의가 비장했다.

컨설팅 첫날 B씨는 몇 군데의 창업 후보지라며 봐달라고 나에게

리스트를 내밀었다. 나는 일단 B씨를 진정시켜야 했다. 이 컨설팅이 5주차가 되어도 그 후보지가 마음에 있다면 그때 이야기하자고 했다. 이 컨설팅 과정을 숙지하기 전의 눈높이와 숙지한 후의 눈높이는 하늘과 땅 차이이기 때문에 바로 창업지를 결정하는 것은 의미가 없었다.

그는 누구보다 열정적으로 과제를 제출하고 질문을 많이 했다. B씨의 성향을 파악하다 보니 아파트보다는 상가나 큰 금액의 업무용 부동산이 적합했다. 그리고 눈이 매우 높았다. 사건을 바라보는 눈이 예리했다. NSR 4단계~6단계를 제대로 숙지하고 그대로 경험이 계속 쌓여간다면 누구보다 좋은 결과를 낼 수 있는 사람이었다. 5주차가 되자 B씨는 당장이라도 나가서 계약을 쓸 수 있을 것 같다며 창업 지역을 찾기에 여념이 없었다.

종강을 앞둔 어느 날 내가 말했다.

"사장님 어디 가지 말고 그냥 사장님 배우자가 운영하는 뷰티샵에 부동산 간판만 달고 시작하세요."

그러자 B씨는 눈이 휘둥그래졌다.

"에이 그게 뭐에요. 이 동네는 너무 좁고 거래 가액도 너무 낮아요. 저는 1억까지 창업할 돈도 있습니다. 더 좋은 곳을 추천해 주세요."

내가 말했다.

"맞아요, 사장님은 눈이 높아요. 그래서 본인이 할 수 있다고 결정만 하면 현재 있는 곳에서도 충분히 돈을 벌 수 있어요. 더 넓은 지역으로 가고 싶다면 이렇게 작게 시작하고 1년 뒤에 갈 지역을 다시 결정하세요. 그때 옮기면 창업 비용도 아끼면서 더 좋은 곳으로 갈 수도 있고 더 잘 될 수 있어요."

처음엔 이해할 수 없다는 듯 다시 물었다. 나는 몇 번이고 각인을 시켜줬다. 그러자 어느 날 배우자 뷰티샵을 반으로 나눴다고 연락이 왔다. 그리곤 집에 있는 컴퓨터를 들고 나와 계약 테이블 하나를 구입한 뒤 부동산 간판을 달았다고 했다. 그렇게 B씨는, 700만 원으로 부동산 사무실을 오픈한 나보다도 더욱 저렴한 50만 원으로 부동산을 창업했다.

그 후 B씨는 우리 네이버카페에 수시로 계약 후기를 남겨주고 있다. 몇 백만 원의 매출을 달성했다는 계약 후기부터 월 매출 1,000만 원을 달성하더니 어느 시점부터 월 1,000만 원의 매출을 꾸준히 달성했다. 억대 연봉에 진입한 것이다. 그리곤 몇 달 전에는 월 3,000만 원의 매출을 달성했다며 와인을 사들고 와 맛있는 밥을 대접해주고 갔다.

중개업에는 '~카더라통신'이 너무 많이 돌아다닌다. 회원 업소에 들어가야 매출을 유지할 수 있다는둥, 목이 좋은 곳에 권리금을 주고 들어가야 돈을 벌 수 있다는둥, 이런 이야기 말이다. 수강생들의 사례를 보면 **이런 카더라통신이 사실이 아닌 몇 사람의 의견임을 알 수 있다. 하위 99%의 수준에 얽매이지 말고 상위 1%의 블루오션으로 점프하라.**

억대 연봉 공인중개사가 찾아온 이유

NSR컨설팅을 시작하니 전국 각지에서 개공(개업 공인중개사), 소공(소속 공인중개사) 등 다양한 형태의 중개업을 하는 수강생들이 찾아왔다. 그중 참 인상에 남는 한 분, C씨가 있다. C씨는 머릿결이 비단 같이 고왔다. 손톱은 네일샵에서 관리를 잘 받은 듯했고, 옷매무새며 머리핀이며 뭐 하나 고급스럽지 않은 것이 없었다. 거기다 30대 후반에도 불구하고 20대라 해도 믿을 만한 도자기 피부를 가지고 있었다.

당시엔 일요일마다 8주 동안 오프라인으로 컨설팅을 진행했는데 부산에서 수원까지 차로 몇 시간을 운전해 출석했다. 예쁘게 잘 관리하는 여성스러운 모습 뒤에는 강인한 면이 엿보였다.

'중개업을 하고 있는데 경제적으로 여유로워 보인다면 잘 되고 있다는 것인데 여기까지 왜 왔을까?'

C씨가 NSR을 찾아온 이유가 궁금해졌다. NSR컨설팅이 시작되었다. 수강생 한 명 한 명 앞으로 나와 발표하는 개인 성향 분석 시간에 나는 C씨에게 질문했다.

"월 평균 매출이 얼마인가요?"

"평균 2,000만 원 정도예요."

내가 다시 물었다.

"그 정도 매출이면 주말에 돈 쓰러 다녀야지 여긴 뭐하러 왔어요?"

수강생 C씨가 대답했다.

"사무실 오픈 후 생각보다 매출이 많아 감사했지만 불안감이 너무 큽니다. 뭐가 잘못된 것인지 모르겠고, 주변에 물어봐도 두루뭉실한 답변만 돌아와서 늘 답답함을 간직한 채 불안하고 휘둘리는 중개를 하고 있어요. 가족과 함께 보낼 수 있는 시간조차 없고 점점 지쳐가는 것 같아요."

이야기를 들어보니 C씨는 고운 피부와 빛나는 머릿결, 동안 외모를 유지하면서도 두 자녀와 남편을 케어해 온 워킹맘이었다. 생각보다 부지런하고 야무졌다. 자격증을 취득하고 2년도 채 되지 않아 월 평균 매출 2,000만 원을 넘기는 사람은 소위 말하는 '난 사람'이다. 중개업을 하고자 하는 사람들이 가장 희망하면서도 상당수가 이루지 못하는 목표인 억대 연봉을 이미 달성한 것이다. 그 어려운 목표를 달성할 정도면 일머리도 있는 사람이라는 것인데 무엇이 문제이길래 매주 여덟 시간이 걸리는 이 먼 곳에 와야 했는지 그 이유를 분석하기 시작했다.

만약 주 계약 카테고리가 원·투룸 같은 거래 가격이 낮은 박리다매 형식이라면 월 1,000만 원의 매출만 내더라도 정신없이 바쁠 수 있다. 그러나 C씨의 계약 거래 가액은 5억대에서 7억대가 주를 이루었다. 이런 계약이라면 주 7일을 할애할 업무량은 아니었다. 일머리가 있는데 왜 불안하고 가족과 보낼 시간 없이 중개업에 시달릴까? C씨의 중개 방식을 파악해야 했다. 중개업에 대한 이야기를 꺼내도록 질문했다. C씨의 다양한 중개 방식을 내가 파악할 수 있는 형태로 꺼내 이야기를 듣다 보니 원인을 알 수 있었다. C씨의 중개 스타일은 이러했다.

첫째, 전문가로 인정받고 싶어했다.

둘째, 서비스 정신이 투철했다.

셋째, 책임감이 강했다.

우리나라는 아직도 중개업이 동네 구멍가게라는 인식이 만연해 있다. 중개사가 전문직이라고는 하지만 아직도 현장에서는 무수히 많은 공인중개사가 고객에게 평가 절하당하는 상황에 처한다. 지금은 중개사로 일하는 사람들도 중개업을 하기 전에는 중개사가 한 일이 없는 것 같아 중개보수료 지급이 아깝다는 생각을 한 경험이 있다. 중개사가 너무 무능해 계약 내내 불안으로 마음 졸이는 계약을 한 경험이 있는 사람이라면 한 번쯤 이런 생각을 해보았을 것이다.

'내가 중개업을 한다면 그렇게 하지 않을 거야. 더욱 전문적이고 고객에게 신뢰받는 중개업을 할 거야.'

해가 갈수록 전문직에서 공인중개사로 넘어오거나 30~40대의 젊은 공인중개사 사이에선 전문성을 갖추고 전문성을 인정받는 중개사가 돼야 한다는 니즈가 늘고 있다. 그런 니즈로 중개 실무 학원을 찾거나 중개에 필요한 지식을 습득하기 위해 유튜브 시청 등에 시간을 많이 할애한다. C씨도 그런 부류였다. 그동안 보아온 동네 부동산 중개사들처럼 주먹구구식으로 일하는 것이 싫어 매일 공부하는 등 다양한 노력을 했다고 한다. 예쁘게 가꾸고 여성스러운 외모의 이면엔 누구보다 열정적으로 노력하는 강인한 면이 있었다. 남다른 무수한 노력이 있었기에 단기간에 그 매출을 달성할 수 있었을 것이다. 그러나 정작 본인이 간절히 원하던 전문성을 인정받는 공인중개사는 되지 못했던 것이다. 누구보다 더 많이 알고 누구보다 더 노력하고자 했지만 왜 고객과 공동 중개 사장들로부터 전문가로 인정받지 못했을까?

이 책을 읽고 있는 공인중개사라면 이 수강생과 같은 니즈로 노력하고 있는 사람들일 가능성이 크다. 내 책이나 내가 진행하는 **NSR 컨설팅은 돈 주고 광고를 하지 않아서인지 충동적으로 구입하거나 수강하는 사람은 거의 없다. 전문직에서 공인중개사로 이직한 사람들이거나 다른 분야에서 상당히 매출을 내본, 평균 이상의 니즈가 있는 사람들이 찾고 찾다 알게 되기 때문이다.**

C씨 역시 그 노력을 했음에도 불구하고 공동 중개 사장들은 나이가 어리다는 이유로 가르치려 들었고 마음대로 휘두르려 했다. 고객들은 친절하고 빠른 응대를 해주는 C씨에게 더 많은 요청을 해왔다. 다양한 요구 사항과 요청을 신속·정확하게 처리했는데 이상하게 하면 할수록 더 많은 일이 발생하는 것이었다. C씨가 그동안 쉴 틈 없이 일한 중개 방식은 말 그대로 열심히 하면 할수록 더 많은 일이 발생하는 방식이었다. 그야말로 주 7일이 모자를 정도로 온 신경이 중개업에 집중되어야 하는 방식으로 일했던 것이다.

C씨가 고민하는 부분의 원인을 파악하고 솔루션을 제공했다. C씨의 가장 큰 문제는 시중에 중개업 노하우라고 떠돌아다니는 이상한 방식에 자신을 맞추느라 자신만이 할 수 있는 중개업의 가장 큰 장점을 활용하지 못한 것이었다. C씨가 가진 장점을 드러나게 하고, 문제를 발생시키는 대화법과 중개 방식을 제거하도록 컨설팅했다. 내가 하나를 던지면 다섯 개를 받아내는 분이었다. 그녀는 내 솔루션을 바로 실무에 적용했고, 그 컨설팅 이후로 매주 다양한 결과를 만들어 왔다.

그러자 가르치려 했던 거래 사장들은 오래 일했느냐며 일 잘한다고 고마움을 표현하고 부탁하는 형태로 변화되었다. 수십 통의 전화로 괴롭히던 고객은 제대로 된 특약 한 줄로 해결했다. 그 고객은 C씨를 신뢰하고 나니 다른 매물까지 요청하는 등 신기한 상황으로 연결되었다. 이렇듯 수십 건의 요청 사항은 한두 건 정도로 확 줄었고 줄어든 요청마저 C씨가 리드하는 형태로 일하는 게 매우 수월해 가족과 보내는 시간이 늘었다며 얼굴이 한결 밝아졌다.

종강 때 C씨는 땡깡 부리듯 난동을 피우는 고객에게 나도 받기 어려울 만한 강력한 확인서를 받아내며 계약을 마무리했다는 사례까지 들려주었다. 높은 매출이었지만 매일이 살얼음판 위를 걷는 듯 이일을 오래할 수 있을까 했던 불안한 마음이 사라지니 자신감이 높아지고 중개업이 재밌게 느껴진다고 한다. 그리고 C씨는 NSR컨설팅 후 예전의 그 사람이 맞느냐는 이야기를 가장 많이 듣는다고 한다.

고객을 리드할 수 있는 협상력이 장착되니 C씨의 중개 세상이 바뀐 것이다. 종강 후에도 다양한 상황에서 공동 중개 사장들도 인정할 만한 특약 기재와 확인서 등으로 자부심이 넘치는 중개를 하고 있다는 소식을 전해주곤 한다.

Chapter2.

NSR 1단계
하위 99% 프레임 제거하기

하위 99%의 공인중개사가 마주하는 세 가지 벽

중개를 업으로 하고자 하는 사람들은 대부분 부동산 중개사가 고수입에 전문성을 인정받는 전문직이라고 생각하고 시작한다. 그러나 현장을 경험하는 즉시 알 수 있다. 이는 단 1%의 상위 실력을 갖춘 사람들의 전유물이라는 것을 말이다. 그리고 바로 이 세 가지 벽에 부딪히게 된다.

1. 고객

2. 타 부동산의 중개사

3. 중개 사고

이 세 가지 높은 벽을 넘어설 능력을 갖추면 상위 1% 전문성을 인정받는 고수입의 중개사가 된다. 반면 이 세 가지 벽을 넘어설 능력이 없다면 이 벽 앞에 머리를 숙이고 몸을 낮춰 을 중의 을로 일하는 하위 99%의 중개사가 된다. 이 세 가지 벽을 넘어서지 못하면 이런 일은 수시로 일어난다.

- 고객은 중개사를 하대하며 얼굴 한번 안 내비치고 오랜 시간 브리핑을 요구한다. 당연히 당신과 계약은 안 한다.
- 잔금 후 끝나지 않는 A/S로 온갖 수리 공구를 부동산에 비치해두며 중개업을 하기도 한다.
- 나랑 상담하고 옆집 가서 계약하는 고객이 늘어난다.
- 공동 중개 사장들은 나이, 경력 등 온갖 이유를 들어 갑질과 하대를 하고 이 때문에 스트레스가 늘고 업무량은 대폭 증가한다.
- 중개보수료를 제대로 받지 못하는 사건 사고에 끌려다니느라 돈과 시간을 할애한다.

그러나 이 세 가지 벽을 넘어설 실력을 갖추면

- 잠깐의 통화로도 고객이 먼저 "중개사님 얼굴 보고 싶다"라며 찾아온다. 전속을 맡기겠다는 고객이 늘어난다.
- 잔금 후 끝나지 않는 A/S 요청은커녕 고객이 감사하다며 선물을 사들고 찾아온다.
- 옆집 가서 상담하고 나에게 와서 계약한다.

- 공동 중개 사장들은 당신의 전문성을 칭찬하며 친해지고 싶어 한다.
- 고객은 중개보수료에 컨설팅료까지 챙겨주고 싶어 안달나기도 한다.

당신은 어떤 길을 선택하겠는가? 아마 이 책을 선택해 읽고 있는 독자라면 세 가지 벽을 넘어선 상위 1%의 중개를 하고 싶어 찾아온 평균 이상의 사람일 것이다. 우리는 이미 **하위 99%가 하는 중개 방식으론 중개 사고를 막기는커녕 고객에게 을로 하대받으며 타 부동산 공인중개사들의 장난질에 수시로 휘둘린다는 것을 수십 년 동안의 경험과 판례 등으로 익히 알고 있다.**

하지만 대부분 이 하위 99%의 중개 방식을 떠나지 못했던 이유는 이 세 가지 벽을 허물 방법을 몰랐기 때문이다. 그러다 보니 다 고객이니까 참는다며 자신을 낮추고 힘든 중개를 이어갔다. 그래서 경력이 오래된 중개사일수록 고객에게 더욱 을 중의 을로 일하며 우울증 약에 의존하고 있는 것이다. 어떤가? 당신은 이 세 가지 벽을 넘어서는 중개를 하고 싶은가, 이 세 가지 벽 앞에 머리를 조아리며 을

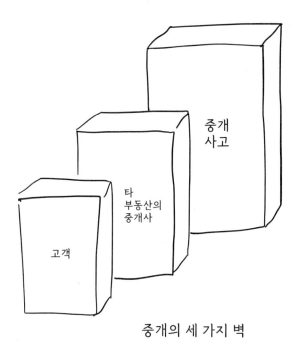

고객

타
부동산의
중개사

중개
사고

중개의 세 가지 벽

중의 을로 중개를 하고 싶은가?

그러나 아직도 공인중개사 대부분이 하는 하위 99%의 중개 방식이 옳다고 생각한다면 당장 이 책을 덮고 시중에 판매되는 가성비 좋은 중개 실무 교육을 찾아가라. 하지만 당신도 이 세 가지 벽을 넘어서고 싶다면 잘 찾아왔다. 다행히 이 책을 만난 당신은 당신의 선택에 따라 원하는 모습으로 중개할 수 있는 기회를 얻게 된 것이다. 각 장에서 주어지는 미션을 수행하다 보면 이 세 가지 벽을 넘어설 수 있는 정답을 찾게 될 것이다.

심부름꾼에서 7,000만 원 매출 달성 전문가로

NSR컨설팅을 찾아오는 부류는 정해져 있다. 오랜 시간 가정주부로 잘 살아낸 사람이거나 직장에서 평균 이상의 능력을 인정받아본 사람이거나 자본의 지렛대 없이 월 평균 500만 원 이상의 돈을 벌어본 사람들이다. 나는 이 NSR컨설팅을 기획했을 때 평균 이상의 노력을 해보지 않은 사람은 아예 오지 못하도록 문턱을 높게 쌓았다. 어차피 이 기준에 맞지 않는 사람이라면 이 컨설팅을 들어도 결과가 나오려면 오랜 시간이 걸리기 때문이다. 문턱을 높게 쌓아도 이미 이 기준에 맞는 사람들은 기회비용을 파악할 수 있고 이 중개업에서 진짜 자신에게 도움이 될 것이 무엇인지를 파악하는 눈이 있기 때문에 이 컨설팅을 찾아온다.

컨설팅을 찾아올 당시 이미 월 1,000만 원 이상의 매출을 내던 수강생 D씨가 있었다. D씨는 음… 뭐라 표현해야 할까, 그냥 얼굴에 돈복이 가득가득한 사람이었다. 사람을 많이 상대하는 일을 하거나 극단의 상황을 여러 건 해결하다 보면 평범한 사람보다 사람에 대해 빨리 캐치할 수 있는 안목이 생긴다. 그래서 나는 가끔 만신 같다는 말을 듣기도 한다.

D씨한테 얼마나 버느냐고 물으니 월 1,000만 원 정도의 매출을 내고 있다고 했다. 얼굴로 봐서는 돈복이 상당한데. 중개업을 하면서, 그것도 자신에게 잘 맞는 카테고리를 정해서 하고 있었고 지역과 부동산 자리도 매우 잘 맞았다. 그런데도 무엇이 문제길래 월 1,000만 원 매출에 묶여 있나 궁금했다. 이 얼굴에 월 1,000만 원이라. 그 돈조차 최근에서야 벌게 된 돈이라고 했다.

컨설팅 회차가 지날수록 D씨가 가진 돈복을 막는 원인이 파악됐다. 그것은 바로 자신이 직접 하위 99%의 프레임에 자신을 제대로 가둬놓고 있는 것이었다. 이 수강생 역시 누구보다 중개업을 안정적으로 하고 싶다는 생각에 대중화된 중개 실무 학원을 수료했다. 노력형이다 보니 거기서 가르쳐준 방식으로 열심히 했다. 그러자 그 노력 덕에 D씨는 자신을 하위 99%의 프레임에 제대로 가두게 된 것이다.

차라리 그 실무 교육을 듣지 않았다면 오히려 지금보다 좋은 결과를 내고 있었을 텐데 하는 아쉬움이 들 정도였다. 왜 지금 당신이 하는 방식이 위험한지, 왜 그 실무 학원에서 가르쳐준 대로 하면 할수록 중개가 어려운지 하위 99%의 프레임을 깨는 중개 원리를 설명했다. 중개 원리가 중개업의 기준으로 자리잡히고 컨설팅 회차가 거듭될수록 D씨가 가지고 있던 99%의 하위 프레임이 깨지면서 사고가 유연해졌다. 그러자 예전 같으면 놓쳤을 고객 유형과 계약을 했다는 후기를 전했다.

중개 원리를 적재적소에 배치하기 시작하자 8주 컨설팅 종강일이 되어서는 7,000만 원의 매출 달성이라는 결과를 냈다. 앞으로 D씨가 벌어들일 돈에 비하면 평범한 성과일 수 있지만 지금까지 낸 매출 중에서는 최고를 달성한 것이다. 자신도 놀랐고 나도 놀랐다.

대한민국의 공인중개사가 다른 나라의 공인중개사들처럼 대우를 받지 못하는 이유가 중개 원리라는 중개의 핵심 기준이 장착되지 않고 하위 99% 프레임에 갇혀 있기 때문이다. 이 프레임은 공인중개사 자격증을 사회적으로 인정받는 변호사나 법무사 세무사처럼 자격증 소지만으로도 평균 이상의 능력을 가진 상향 평준화된 자격증으로 가는 길목을 막고 있다. 그러다 보니 고객은 중개사를 심부름꾼으로 하대하기 일쑤이다. 급기야 고객의 갑질로 오랜 시간 괴롭힘을 당한 십수 년의 경력자들이 우울증 약으로 중개업을 한다는 말이 나오기에 이른 것이다.

현재 만연해 있는 중개사라는 직업의 하위 99% 프레임을 중개업을 하고 있는 99%의 중개사들이 꾸준히 씌우고 있다. 거기에 한 술 더 떠 대중화된 중개 실무 교육에서 아예 그 하위 99% 프레임을 교육까지 하고 있다. 공인중개사 스스로 그 하위 99% 수준에 머무르도록 가두는 프레임을 걷어내지 않으면 대한민국 중개사의 사회적 지위는 높아질 수 없다. 중개사 스스로를 수준 낮고 무능력자임을 자인하는 이 하위 99%의 프레임을 걷어라. 이 프레임이 걷히면 사회적으로 인정받을 수 있는 상위 1% 영역의 세상이 보일 것이다.

동네 구멍가게 프레임에 갇힌 공인중개사들

네이버 지식백과에 검색해보면 중개업이란 '일정한 수수료를 받기 위하여 중개, 알선 등 일정한 방법과 절차를 통해 타인 간의 거래가 이루어지도록 하는 영업'이라고 쓰여 있다. 달리 표현하면 우리가 익히 들어본 브로커이다. 타인 간의 거래가 이루어지도록 하는 영업, 즉 타인 간의 이견을 좁혀 계약이라는 목표를 달성해내는 직업이다. 이견을 좁히려면 타인들이 중개사의 영업에 수긍해야 한다.

서로 자신의 이득이 우선인 거래 당사자가 이견을 좁히고 중개사의 말에 수긍하게 하려면 중개사는 어떤 능력이 필요할까? 대단한 협상력을 지녀야 가능한 일이다. 고객에게 하대를 받거나 고객의 을로 일하면 협상의 패를 선점할 수가 없게 된다. 협상할 수 있는 지위 선점이 안되니 계약으로 연결하기 어렵다. 어쩌다 연결하면 고객의 갑질에 휘둘리거나 중개보수료를 안 주려는 꼼수에 놀아나기 일쑤다.

나는 수원에 와서 몇 안 되는 중개사들과 공동 중개를 한 적이 있었다. 양타 아니면 계약 진행을 잘 안 하기에 공동 중개하는 경우는 매우 드물다. 내가 만난 중개사들과의 상황을 예로 들어보겠다.

[상황1]

하루는 고객이 나와 공동 중개를 한 중개사 E씨에게 소리를 지르며 사무실 집기를 집어던지는 등 난동을 피웠다. 며칠 간 시달린 E씨는 결국 스트레스로 정신을 잃어 앰뷸런스에 실려 가기까지 했다. 자신의 상황이 매우 불리해지자 불안감에 저지른 행동이었다. 하지만 원인은 그 난동을 피운 고객이 만들었다. 좀더 자세히 말하면 그 고객의 지인 탓에 그런 상황이 발생한 것이다. 그럼에도 불구하고 그 고객은 E씨에게 극단의 스트레스를 받게 할 정도로 괴롭힘을 일삼았다. 내가 보기엔 고객이 화낼 이유도 없었고, 화내거나 E씨에게 무례하게 행동할 일이 아니었다. 그런데도 E씨는 자신의 항변은커녕 그냥 꾹 참고만 있었다. 심지어 그 고객에게 위로 아닌 위로까지 했다. 자신은 앰뷸런스에 실려가면서도 말이다.

내가 나서고 싶었지만 나는 그 고객의 상대방 측 중개사였기에 우리 고객의 입장을 고려해 그냥 지켜봐야만 했다. 상황이 정리되고 내가 E씨에게 물었다.

"괜찮으세요?"

"뭐, 어떻게 하겠어. 고객인데 참아야지……"

억울하게 괴롭힘을 받은 E씨는 경력 20년차로 고객의 갑질과 하대를 감수하는 것이 당연하다 생각했다.

[상황2]

공동 중개로 매물을 보여주기로 한 부동산에서 약속 시간을 두 차례 미루며 두 시간 만에 나타났다. 우리야 같은 건물 내에서 다른 일을 하다 잠시 올라가 보여주면 그뿐이기에 별 문제가 없었지만, 중개사 F씨는 그 고객을 위해 두 시간 동안 다른 미팅도 못 잡고 길거리에서 주구장창 기다린 듯했다. 두 시간이 지나고 중개사 F씨와 고객이 매물을 보러 왔다. F씨의 그런 노력에 다행히 계약을 체결했다.

잔금 완료 후인 어느 날 상대방 측 공인중개사 F씨에게서 연락이 왔다. 그 고객은 F씨에게 당신이 한 일이 없으니 중개보수료를 30만 원만 주겠다고 했다는 것이다. 법정 최고요율 0.9%로 계산하면 당시 F씨가 받아야 할 중개보수료는 약 200만 원이었다. F씨는 고객에게 매달렸다. 그 고객에게 받은 중개보수료로 임대료를 내야 한다며 최대한 불쌍하게 매달린 모양이었다. 결과는 어땠을까? F씨는 결국 중개보수료 30만 원만 받게 되었다며 중개업을 계속해야 하나 신세 한탄을 하려고 연락한 것이었다.

잔금을 다 치른 후에도 F씨는 그 고객의 심부름을 계속했다. 내가 왜 그러느냐고 묻자 F씨는 이번 계약에서 중개보수료를 30만 원만 준 대신 다른 계약할 때 꼭 자기와 거래하겠다는 다짐을 고객으로부터 받았기 때문이라고 했다. 그래서 언제 올지 모를 그 두 번째 계약을 위해 스스로를 심부름꾼이라는 프레임에 가둔 셈이다. 그 고객은 임대료도 못낼 정도로 매출도 변변찮다고 매달리며 심부름꾼을 자처하는 중개사에게 두 번째 계약을 의뢰할까? 98%의 확률로 아니다.

간단한 이 두 가지 예시에서만 봐도 중개사가 자신 스스로를 고객에게 하대받는 프레임에 고정시켰다.

 이런 사례는 나와 함께한 직원들에게서도 수시로 발생했던 유형이었고 여기 수원에서 만난 공동 중개 사장들에게도 수시로 나타나는 상황이다. 내 직원들이었다면 예전 사건들처럼 내가 대변할 수 있는 입장이기에 해결할 수 있지만 두 사례 모두 내가 공동 중개를 한 상대방 측이어서 내가 도울 수 없었다. 스스로를 하대해도 되는 중개사로 프레임을 씌우는 순간 고객은 평생 당신을 하류 프레임이 당연한 사람이라고 확정한다.

 아래 NSR 1단계_하위 프레임 삭제하기 미션을 통해 자신이 중개업을 하면서 스스로 고객 만족 서비스라고 자위하며 쓰고 있는 하위 프레임을 찾아내자. 현재 자신의 하위 프레임을 찾아내 삭제해야 상위 1%의 영역에 들어갈 수 있다.

[NSR 1단계 미션]
하위 프레임 삭제하기

NSR컨설팅은 현장 경험이 있는 경력자들을 주 대상으로 커리큘럼화된 과정이므로 단 한 달이라도 현장을 경험한 후 NSR 미션을 수행하는 것이 효과적이다.
문항 중 일부는 오늘 답을 쓴 후, 3개월 후, 6개월 후 다시 답을 쓰고 자신의 생각이 어떻게 바뀌었는지 살펴보자.

1. 가계약이라는 제도가 있다. 이 제도를 사용하여 계약을 진행해본 적 있는가?

2. 당신은 가계약을 하지 않고도 빠르고 안전하게 계약할 수 있는 방법을 알고 있는가?

3. 고객의 반복되는 A/S 요청 때문에 중개 사무실에 전구와 배수관 등 간단한 수리에 필요한 자재 등을 다양하게 구비하고 중개업을 하고 있는 중개사들이 있다고 한다. 그리고 이 자재를 가지고 직접 수리해준다고 한다. 심지어 무료이다. 왜 그렇게 하느냐고 하니 다른 중개사와 자신만의 고객 만족 차별화 서비스 전략이라고 한다. 이런 상황에 대해 어떻게 생각하는가?

4-1. 현장 실무를 해본 사람이라면 자신이 전문성을 지닌 '전문 중개'를 하고 있다고 생각하는가? 아니면 나온 매물을 고객에게 안내해주는 매물 소개사라고 생각하는가?

\<오늘\>

4-2. <3개월 후>

4-3. <6개월 후>

5-1. 당신이 스스로 자신을 가둔 하류 99%의 프레임을 써보라(최소 세 가지).

<오늘>

5-2. <3개월 후>

5-3. <6개월 후>

Chapter3.

NSR 2단계
중개 원리 장착

뿌리기둥이론

내가 유튜브 '부동산논리정연(현 NSR컨설팅)' 채널에서 중개업을 잘하기 위해서는 중개업의 뿌리기둥인 기준이 되는 중개 원리를 알아야 한다며 중개 원리의 중요성을 다룬 영상이 있다. 그래서인지 이 뿌리기둥의 핵심 원리를 알고 싶다며 찾아오는 중개사가 상당히 늘었다. 이들은 모두 현장에서 적게는 6개월, 많게는 10년의 업력을 가진 경력자들이었다. 이들은 하나같이 이렇게 말했다.

"중개업을 하면서 늘 핵심을 빼놓고 계약하는 기분이 들었어요."

무엇을 놓치고 있는지 알고 싶어 유튜브를 찾다가 NSR컨설팅이 그 갈증을 해결해 줄 수 있을 거라 생각해 찾아왔다는 것이다. 중개 실무를 하는 대부분 중개사는 중개업을 어떻게 해야 계약으로 연결할 수 있는지, 어떻게 해야 사건 사고를 조기에 해결할 수 있는지 또는 아예 사고가 생기지 않도록 하는 등 중개업을 비단결처럼 곱고 매끈하게 잘 할 수 있도록 모든 판단을 현명하게 도와줄 기준이 필요하다는 것을 느낀다. 센스가 있는 사람일수록 이 기준의 필요성을 빨리 느낀다.

경력자들이 그토록 중개업에 필요하다고 생각한 그 기준 즉 중개 원리가 무엇인지 설명하겠다.

중개 원리란?

중개업을 성공적으로 할 수 있게 도와주는 모든 상황 판단의 핵심 원리를 말한다. 이 중개의 핵심 원리 즉 중개 원리가 뼛속깊이 장착된 사람들은 고객에게 전문성을 인정받아 고객을 리드하며 즐거운 중개를 해나간다. 주변에 간혹 보게 되는 상위 1%의 중개사들이다. 이들은 하위 99% 중개사들보다 계약을 더욱 쉽게 한다.

경기가 좋을 때는 매출이 고공 행진하고, 경기가 안 좋아도 평균 이상의 매출을 유지할 수 있다. 돈을 버는 원리를 알고 있기 때문에 돈이 보이고, 돈의 길목에 서 있을 수 있게 된다. 고객에게 전문성을

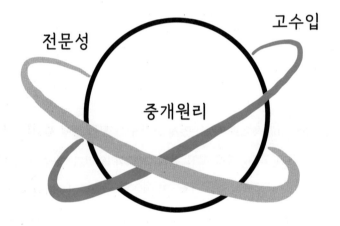

전문성

고수입

중개원리

인정받다 보니 을로 하대받는 일이 없다. 하위 99%의 중개사들처럼 고객으로 인한 우울증 약을 찾을 필요가 없다. 일을 하면 할수록 자존감은 더욱 높아지기 때문이다. 고객이 중개보수료 등으로 장난을 치거나 중개 사고를 운운해도 문제될 것이 없다. 단숨에 해결할 수 있는 힘이 있기 때문이다. 즉, **이 중개 원리란 전문성을 장착한 상위 1% 브로커의 핵심 원리인 것이다.**

이 중개 원리를 알기 위해 수강하고자 하는 수강생들은 타 중개 실무 교육 과정과 전혀 다른 NSR컨설팅 커리큘럼을 보고 이런 질문을 하곤한다. 다음은 수강하고 싶어하는 공인중개사가 가장 많이 하는 질문이다.

"대체 NSR컨설팅은 어떤 내용이에요? 샘플 강의가 있나요? 있으면 들어보고 결정할게요."

우리 매니저는 이 질문에 이렇게 답을 한다.

"네, 샘플 강의는 없습니다."

NSR컨설팅은 국내 최초로 진행하는 컨설팅 방식이다 보니 컨설팅 내용을 철저히 비공개로 진행한다. 기획 단계부터 샘플 영상이나 홍보용 영상은 제작하지 않았다. 이런 이유로 수강 신청을 한 대부분 공인중개사는 반신반의하며 첫 컨설팅에 들어온다. 그러나 기수마다 첫 교시가 끝나면 공통적으로 나오는 말이 있다.

"매우 신선한 내용이네요."
"어떻게 그런 생각을 할 수 있어요?"

앞으로도 오랜 시간 내 기억 속에 남아 있을 한 공인중개사는 이런 말을 했다.

"요즘 유튜브라는 플랫폼 때문에 다 개인 브랜딩으로 있어 보이게 유혹합니다. 수강료를 결제하고 막상 들어보면 본인 자랑뿐이거나 알맹이가 없거나 자기 상품만 팔기에 혹여 그 셋 중 하나면 어쩌나 하는 생각에 몇 년 동안 수강하지 않았어요!"

그런데 뭔가 꼭 배워야 할 것이 있을 것 같아 '그래, 강의 내용이 사기라도 한번 들어보자!! 사기꾼에게도 배울 게 있을 거야!'라는 심정으로 등록했다고 한다. 컨설팅 제1교시가 끝나자 그 공인중개사는 이런 말을 했다.

"대표님의 뇌와 입을 제게 장착하고 싶어요!"

네이버 '선부연' 카페에 나와 네 번을 만나는 컨설팅료가 이렇게 저렴하다는 것에 감사를 표하며 감동적인 후기를 남겨주었다. 외람되게도 워렌 버핏까지 소환하면서……

수강 주차가 지날수록 수강생 대부분은 나의 뇌와 입을 탐한다. 자신들이 몇 년간 해결하지 못한 문제나 계약을 어떻게 해야 할지 몰라 오랜 시간 속앓이하던 문제에 사이다 같은 솔루션을 제공한다는 것이다. 내가 수강생들의 다양한 문제에 사이다 같은 솔루션을 제공할 수 있는 것은 바로 중개 원리 덕분이다. 이 원리는 중개업만이 아닌 모든 업종에서 적용된다.

돌이켜보면 중개업은 아니지만 내가 역대 연봉을 처음 일궜던 업종에서도 업무 특성상 최고의 성과를 내기 위해 직원들을 하드 트레이닝했다. 버거워는 했지만 다들 잘 따라주었다. 결국 그 직원들이 이직할 때는 같은 경력 대비 50%의 급여를 단숨에 높여 이직하는가 하면 소통 능력 제로인 사람을 소통 능력자로 전환시켜 억대 연봉의 성과를 낼 수 있었다.

모든 업종에는 실무를 잘하기 위한 기본 원리 즉, 뿌리와 기둥이 존재한다. 각 업종에서 이 뿌리와 기둥에 해당하는 업무의 본질 파악을 남들보다 빠르게 해내는 사람은 능력을 인정받고 초고속 승진하기도 한다. 이를 소위 일머리라 한다. 공부 잘해서 좋은 대학 나오고 어려운 자격증도 취득했지만, 그 분야에 대한 상담조차 잘 못하거나 업무 처리 미흡 등으로 수입이 나지 않아 결국 폐업하는 사례가 수두룩하다. 이처럼 공부하는 머리와 일머리는 따로 있다.

다른 업종에서 일머리가 없다면 퇴직을 권고받거나 승진을 못하는 상황 또는 폐업하면 그뿐이다. 그러나 중개업은 다르다. 다른 업종에서는 경험하기 어려운 법의 사각지대에서 공인중개사는 보호받지 못하는 억울한 사건과 빈번하게 마주한다. 사각지대의 틈새를 고객들은 수도 없이 노린다. 고객은 공인중개사의 약점을 찾아내기라도 하면 그것을 빌미로 중개보수료를 깎거나 지급하지 않으려 온갖 협박과 괴롭힘 심지어 손해배상청구 소송까지 서슴없이 한다. 적게는 수백만 원에서 많게는 수억 원의 손해배상 책임을 부담해야 하는 사례가 발생하는 것이다. 그렇기 때문에 **중개업에서 중개 원리의 장착은 선택이 아닌 필수가 되어야 한다.**

내가 서울에서 열 명의 직원과 중개업을 하다 보니 고객에게 최상의 서비스를 제공하고서도 억울하게 당하는 직원을 많이 보았다. 현재 NSR컨설팅을 받으러 전국 각지에서 오는 수많은 공인중개사가 억울하게 겪은 사건 대부분도 내 직원들이 겪은 경우와 원인이나 유형은 대동소이했다. 사람만 바뀌어 나타날 뿐이다. 그러나 이 중개 원리를 모르는 사람들은 모두 다른 문제라고 생각한다. 컨설팅 도중 수강생들의 질문이나 겪은 사건 등을 듣고 피드백을 하면 이런 반응이 많다.

"해결책이 안 떠올라 너무 고민했는데 속이 뻥 뚫린 것같아요. 어떻게 그런 생각을 할 수 있어요?"

이처럼 내가 컨설팅 현장에서 다양한 질문에 대한 적절한 피드백을 하고 남들이 생각하지 못한 방법으로 사건 사고를 해결할 수 있는 이유는 내가 정리한 NSR컨설팅 2단계 '중개 원리' 이론 덕이다. 왜 이런 사건이 발생하였고, 어떻게 하면 그런 사건이 발생하지 않을 수 있는지 그리고 이런 경우 사건을 어떻게 돈으로 만드는지에 대한 중개 원리를 이해하고 이를 각 사건에 적용할 수 있는 실력을 갖추면 누구나 할 수 있는 피드백이 된다.

한 가지 사례를 들어보자. NSR 자격증 시험을 컨설팅 수료생 여덟 명이 응시했다. 시험이 끝난 후 전국 각지에서 오신 수강생들을 그냥 돌려보내기 아쉬워 시험에 대한 질문과 간단한 다과와 함께 소통하는 시간을 가졌다. 그 중 한 명이 그간의 안부와 함께 중개업을 하면서 발생한 사건에 대해 상담을 요청했다. 그러자 컨설팅받을 당시에 연신 "어떻게 그런 생각을 할 수 있어요?"라고 감탄하던 수강생이 내가 피드백을 하기도 전에 최상의 솔루션을 제시했다. 누구나 이 원리를 장착하면 상위 1%의 전문성을 가질 수 있다는 것이 현실로 입증된 자리였다.

NSR컨설팅은 타 중개 실무 강의처럼 정형화된 이론을 일목요연하게 정리하여 칠판에 띄워 읽어주는 방식으로 진행하지 않는다. 기본적인 원리에 관한 컨설팅을 오프라인에서 일어나는 수강생들의 다양한 사례로 예시를 들어 이해하기 쉽도록 유연하게 진행한다. 모든 수강생에게 같은 내용을 읊어주는 대부분의 중개 실무 교육과 달리 개인 맞춤형으로 유연한 컨설팅이 가능한 것도 이 중개 원리라는 핵심 이론 때문이다.

주입식 교육을 하는 중개 실무 학원에 다닌 중개사들이 현장에서 고전을 면치 못하는 이유도 여기에 있다. 고객이 왜 계약을 결정하는지, 왜 중개 사고를 운운하는지 고객의 생각이나 마음을 읽을 수 없다. 중개의 핵심 원리를 알지 못하다 보니 벽 보고 중개하는 기분과 막막한 상황에서 벗어날 수 없는 것이다.

아직도 대부분의 중개 실무 교육 현장은 카테고리별로 이론을 주입하는 방식을 채택하고 있다. 수많은 공인중개사가 방대하고 다양한 이론을 외우고 공부한다. 그러나 현재 협회로부터 권고받는 특약이나 학원에서 배포되는 특약은 이미 사건 사고에 연루되어 손해배상금을 물어낸 뒤 중개 사고 확산 방지용으로 배포된 특약이라는 것을 우리는 알아야 한다. 즉, 손해배상 사건이 발생하고 나서야 주입식으로 받아 기재하는 것이다. 이렇게 스스로 특약을 생각하고 판단해서 직접 작성하지 못하고 권고받은 특약만 외워 쓰는 수준에서는 언제든 새로운 손해배상 소송의 피해자가 될 수 있다는 뜻이다.

하루는 다른 사람의 사건 사고로 만들어진 뒷수습용 특약이나 현실에서 수차례 해석되지 않은 이론으로 공부를 엄청 열심히 하는 한 공인중개사가 나에게 이런 질문을 했다.

"이거 잘못 쓴 특약이 있는지 확인 좀 해주세요. 어쩌다 계약서를 썼는데 며칠째 불안해서 잠이 안와요."

계약서를 간단히 훑어보니 계약 정황을 모른 상태에서 봐도 수많은 폭탄을 깔아둔 계약서였다. 이미 계약을 완료한 상태였기에 이제 와서 내가 알려준다고 해도 상황을 바꿀 수는 없었다. 그의 불안감만 증폭시킬 뿐이었다. 어쩔 수없이 그의 간절한 부탁에도 나는 "NO!"라고 대답했다.

본인이 특약 한 줄의 안전성을 판단하지도 못하는, 기준이 없는 실력으로 계약서를 쓰고 불안해 하는 중개를 계속 업으로 해나간다면 그를 중개 전문가라고 신뢰하고 계약한 고객을 얼마나 위험한 벼랑으로 내몬 것인가. 이는 직업 윤리적으로 반성해야 할 부분이라 생각한다. **이 계약에서 중요하게 지켜내야 할 당사자는 누구이며 이를 위해 어떤 특약을 기재하고 방식을 어떻게 진행할지 그가 계약 당사자들의 이익을 고려하여 직접 결정해야 한다. 그래야 수없이 마주하는 법의 사각지대에서 고객의 재산도, 자신의 재산도 안전하게 지킬 수 있다.**

지금 당장 책을 덮고 자문하라. 당신과 고객 모두를 지켜줄 중개 원리를 장착하고 중개를 하는가?

이 질문에 답을 정확히 할 수 없다면 '[NSR 2단계 미션] 중개 원리 파악하기'를 통해 중개 원리의 핵심을 파악하여 안전한 중개를 할 수 있게 되기를 바란다.

매출을 만드는 환경은 따로 있다

당신이 중개업으로 돈도 많이 벌고 전문성도 인정받고 싶다면 당장 주변의 중개업과 관련된 인맥을 싹 갈아치워야 할지도 모른다. 중개업의 8할은 환경이 영향을 준다 해도 과언이 아니다. 나와 같이 중개업을 할 때는 분명 상당히 높은 매출에 고객들의 인정을 받으며 즐겁게 중개하던 중개사가 다른 사무실 가서는 을 중의 을로 일하는 것을 보고 상당히 충격받은 적이 있었다. 이상해진 그 중개사에게 왜 전에 하던 방식대로 하지 않느냐 물으니 이런 답을 했다.

"그러게요. 저도 모르게 또 그렇게 하고 있었네요."

자신이 을 중의 을로 일하고 있는지를 내가 말하기 전엔 자각조차 못 하고 있었던 것이다.

왜 이런 일이 생겼을까? **인간의 사고는 95%가 무의식에서 일어나고, 나머지 5%만이 의식적으로 행해진다고 하버드 대학교 석좌교수인 제럴드 잘트만은 말했다. 즉, 내가 하는 말이나 생각, 매일**

만나는 사람의 말이 모두 나도 모르는 사이에 나에게 최면을 걸고 그로 인해 나의 사고가 형성된다. 사람은 자신도 모르는 사이 옆에서 하는 말을 사실로 믿고 그 관념 속에서 살아가게 되는 것이다.

사람은 의식적이든 무의식이든 주변 사람의 영향을 받는다. 그들에 따라 나의 생각과 마인드가 바뀌고, 그로 인해 행동이 달라지고 결과가 달라지는 것이다. 이 중개사도 옮긴 부동산 사무실의 대표부터 직원들까지 모두 을 중의 을로 일하는 것을 계속 보니 처음엔 불편함에 수차례 수정해주고 주장했지만 어느샌가 자신도 모르게 같은 생각과 행동을 하고 있다는 것이었다. 막장으로 치닫는 드라마에서 시어머니 배역의 배우가 이런 말을 했다.

"부모가 저런데 뭘 보고 배웠겠어?!"

처음 나는 이 이야기를 하는 그 배역의 사람 됨됨이를 의심했다.

'어머나, 저렇게 말하는 저 사람은 편견이 가득한 저렴한 인성의 사람일 거야!'

하지만 현실에서 내가 존경하는 사람이 위와 똑같은 말을 하는 것을 보았다. 그 말을 들은 나는 대 혼란에 빠졌다. 내가 존경하는 사람이 어떻게 막장 드라마 시어머니랑 같은 말을 할 수 있을까? 내가 존경하는 그분의 인성에도 문제가 있는 것인가? 이 주제를 가지고 근 일 년을 생각했다. 내가 존경하던 사람의 인성을 의심할 것인가? 저 말에 내가 생각하지 못한 다른 뜻이 있는 것일까? 충격을 받고 일 년쯤 지나자 내가 존경하던 그분이 이런 말을 했다.

"나도 내가 평생 듣고 자란 게 돈 벌어야 한다, 돈이 최고다라는 말이야! 내가 현재의 삶을 중요하게 생각하고 즐겨야 한다는 가치관을 가진 부모 밑에서 자랐다면 나는 지금 매우 다른 모습이겠지! 이제야 온전한 내 삶을 살았으면 얼마나 좋았을까 하는 생각을 해."

그는 자신도 보고 자란 것으로 현재의 모습이 되었다는 말을 했다. 이분은 많은 돈을 가졌지만 돈을 위해 한평생 매우 외로운 삶을 살아왔다. 그때 알게 되었다. 사람은 보고 배운 대로 자신도 모르게 닮아간다는 것을 말이다.

그 막장 드라마의 배역이 억양을 넣어 무시하듯 표현하여 무시하는 말이라고 받아들였지만 사실은 당연한 이치인 것이다. 아들과 결혼하는 것이 못내 싫은 감정과 함께 표현이 되다 보니 나는 그 말은 못된 말이라고 받아들였던 것이다. 내가 존경하는 분의 의도는 주변 사람이 한 사람에게 그만큼 영향을 많이 끼친다는 점을 표현한 것임을 알고, 그분의 인성에 대한 나의 의심을 멈출 수 있었다.

이렇듯 사람은 후천적인 영향을 많이 받는다. 나 역시 맨땅에 헤딩해서 큰 부를 이룬 스승님들을 만나면 돈에 대한 열정이 불타오르다가, 평범한 재산을 가지고 있지만 현재 가족, 지인과 소중한 시간을 더욱 중요하게 여기며 많은 추억을 만들며 살아가는 스승님들과 대화를 나누면 나도 현재 삶의 행복에 더욱 초점을 맞추곤 한다. 이렇듯 사람은 현재 옆에 누가 있느냐, 무엇을 반복적으로 보고, 대화하는 상대가 누구냐에 따라 생각과 행동에 많은 영향을 끼친다.

내가 NSR컨설팅을 하다보면 그 중개사를 둘러싼 사람들의 영향이 얼마나 큰 지 수없이 느낀다. 〈중개의 정석〉 1권을 출간한 후 수많은 공인중개사를 컨설팅했다. 3주차에서 4주차가 되자 수개월에서 일 년 가까이 한 건의 계약도 못한 사람이 계약을 해오는가 하면 어떤 사람은 주변에서 모두 말리는, 위험하다고 생각하는 계약을 간단히 체결하며 돈으로 만들어왔다. 또 원·투룸조차 계약을 못 하던 분이 컨설팅 4주차에 덜컥 상가를 계약해왔다. 중개보수료도 최고요율로 전액 잘 받고 감사하다는 말을 전해 들으며 말이다.

NSR컨설팅을 수강한 사장님들 사이에선 마법이 일어났다는 표현을 한다. 자신도 모르게 그냥 계약이 줄줄 일어났다는 것이다. 중개 원리가 제대로 적용된 사례를 수도 없이 접하고 나니 중개 원리가 자연스럽게 몸에 배어 나타난 당연한 결과인 것이다. 수강 전 매출 제로에서 강의 수강 후 한 달만에 네 건의 계약을 한 수강생은 후기에 이렇게 표현했다.

"신기하게 안내하고 나면 계약으로 이어지는 매직을 경험했습니다!"

그러나 이렇게 결과를 내던 사람도 주변 사람들이 달라지면 곧장 어려운 상황을 겪기도 한다.

[사례1]

이 사례는 뒤에서도 자세히 다루는 내용인데 NSR컨설팅을 수료한 수강생 G씨는 NSR컨설팅을 통해 충분히 해결하고도 남을 사건을 한 달간 고민한 끝에 5,000만 원을 물어줘야겠다는 결론을 내고 나에게 연락했다. G씨도 충분히 사건을 처리할 수 있었음에도 이런 상황을 만든 것이 이상해 NSR컨설팅할 때 사용하는 상황 분석을 위한 질문을 했다. 그러자 G씨는 컨설팅이 끝난 지 1년도 안 되어 자신이 중개하는 지역의 중개사들과 친해지고 많은 의사소통을 하다 보니 자신도 모르게 하위 99%의 중개 방식과 사고방식에 흡수되었음을 알게 되었다. 현장에서 자주 만나는 사람들의 의견에 잠식당한 것이었다. 중개 원리를 적용해 해결책을 설명하자 G씨는 "아차"라는 말과 함께 놓치고 있던 중개 원리를 떠올렸다. 결국 이 중개 원리를 적용한 미션을 수행하며 손해배상금 5,000만 원을 하나도 안 물어줘도 되는 상황으로 단 이틀만에 역전시켰다.

[사례2]

또 다른 수강생 H씨는 창업할 당시 상당한 매출이 기대되는 수강생 중 한 명이었다. 그럼에도 불구하고 개업 후 몇 개월간 월 매출 300만 원 전후에 머물렀다. 이해가 되지 않아 전화로 상황을 체크하며 컨설팅하다 보니 H씨 역시 주변 중개사들과 대화하고 의견을 나누는 시간이 늘어나면서 NSR컨설팅에서 배운 중개 원리를 잊고 그들의 방식 그대로 중개를 하고 있었다. 다시 NSR컨설팅을 각인시켰다. 그리고 친하게 지내던 주변 중개사들과 연락을 끊도록 했다. 그러자 2개월도 지나지 않아 바로 월 1,000만 원 이상의 매출을 냈고 현재도 꾸준히 달성하고 있다.

당신이 무슨 생각을 하고 어떤 기준을 가지고 있느냐에 따라 당신의 중개업 결과는 180도 달라질 수 있다. 주변을 둘러보자. 주변에 소통하는 중개사들이 중개 원리를 모르고 중개를 하는 하위 99%의 공인중개사들이라면 당장 그들과의 대화를 멈추어라. 그렇지 않으면 그들의 수준에 당신의 수준도 멈출 것이다

이 책을 마지막까지 다 읽은 후 A4용지 한 장을 꺼내 나에게 영향을 주는 사람이나 중개업 관련 의견을 많이 나누는 사람을 나열해서 써보자. 이 책을 모두 읽고 나면 그들의 중개 수준이 어느 정도 파악될 것이다. 그들이 겪었다는 중개업의 사건 사고들을 생각하며

의사소통을 차단해야 할 사람인지 유지해야 할 사람인지 나누고 곧바로 실행해 본다

사람마다 태어난 연도, 날짜, 시간 등으로 사주팔자가 정해지고 이 것을 가지고 우리는 소위 말하는 점집에서 운명을 점치곤 한다. 점 집 또는 철학원을 찾아가 사주팔자 풀이를 해본 사람이라면, 어떤 점쟁이는 훤히 들여다 보는 것처럼 잘 맞춘다는 생각이 들고, 어떤 점쟁이는 전혀 엉뚱한 이야기를 한다고 느껴지기도 한다.

내가 아는 분 중 명리학을 오랜 시간 깊게 공부하신 분이 있다. 그 분은 한 사람의 사주팔자를 제대로 파악하기 위해서는 그 사람에게 영향을 끼치는 모든 사람의 사주팔자를 함께 풀어보아야 한다고 한 다. 아무리 이 사람 사주가 좋아도 가까운 사람 즉 그 사람의 가족이 나 배우자의 사주팔자에 따라 운과 인생이 송두리째 바뀔 수 있기 때문이라는 것이다.

한 예로 나는 어떤 친구만 보면 이런 생각이 들어 볼 때마다 하던 말이 있다. "너는 늦게 결혼하면 부잣집 마나님으로 사랑 듬뿍 받고 잘 살 것 같아. 시집 늦게 가! 제발! 일찍 가면 고생할 것 같아"라고

말이다. 내가 점쟁이는 아니지만 간혹 촉이 한 번씩 발동할 때가 있다. 그래서 그 친구에게도 볼 때마다 주문 걸 듯 이야기했다. 그러나 점쟁이도 아닌 내 말이 그 친구에게 들릴 리 없었다. 20대 초반에 부잣집 마나님이 되는 듯 휘리릭 시집을 갔다. 그런데 결혼하자마자 곧 가세가 기울어 엄청 열심히 살아내다가 못내 돌아왔다. 그 친구가 시간이 지난 후 이야기 해주었다. 결혼 전 그 친구는 결혼해도 좋을지 점집을 찾았다고 한다. 그 점쟁이는 친구가 돈을 잘 벌 사람이기에 늦게 갈수록 좋다고 말했다는 것이다. 신랑 사주도 돈이 많은 사주이나 그 친구와 결혼하면 처가 덕으로 살아야 한다는 것이었다.

그러나 친구는 당시 신랑될 사람의 재산이 상당했기에 그냥 웃어넘기고 결혼했다고 한다. 돌아온 그 친구는 일 년간 준비해 1인 샵을 오픈했다. 그는 주부로만 살던 사람이 맞나 싶을 정도로 사업 수완이 참 좋았다. 사람의 마음을 잘 사로잡아 단기간에 예약이 꽉 찰 정도였다. 현재 그 친구는 돈과 사랑을 모두 쟁취하며 행복한 삶을 살고 있다.

나는 성경을 많이 공부하지는 못했지만 성경책을 좋아한다. 사주 팔자 명리학을 맹신하거나 풀이를 좋아하지는 않는다. 하지만 사주팔자 풀이의 사례를 든 이유는 과학적으로 입증할 순 없지만 시간이 지나면 우연일지라도 '설마'가 사실이 되는 무시할 수도 없는 이야기가 우리가 사는 세상에는 수도 없이 존재하기 때문이다.

중개 법인 세 명이 3개월간 못한 계약 이틀 만에 성공

수원으로 중개 사무실을 옮겨 고객과 직접 미팅을 했다. 하루는 네이버에 광고한 매물을 보고 연락이 왔다. 건물 전면만 찾던 고객이었는데 보고 연락준 네이버 매물은 후면 복도 쪽, 노출이 안되는 매장이었다. 노출성이 전혀 없는 복도 쪽 매물이라고 하자 후면 매물은 안 본다며 전면 매물이 나오면 연락 달라면서 전화를 끊으려 했다.

그러나 이 고객의 여러 상황을 고려해볼 때 이 매물이 매우 적합해 보였다. 고객에게 NSR식 브리핑을 했다. 그러자 그는 이 매물에 매우 관심을 보였고 함께 매물을 보면서 브리핑해줄 수 있느냐고 물어왔다. 고객과 미팅하기 전 계약 성사 가능성이 높아 보여 계약 조건을 다시 확인하기 위해 임대인에게 전화했다. 당시 코로나로 소상

공인들이 직격탄을 맞은 시기라 오랜 시간 공실이었고 이에 속상했을 임대인이 좋아하겠다는 생각에 서둘러 전화했다.

그러자 임대인은 "아 대표님 다 좋은데…"라며 말끝을 흐렸다. 임대인의 반응이 이상해 내가 "왜요?"하고 다시 물었다. 임대인이 어렵게 말을 꺼냈다.

"몇 달 전에도 같은 업종으로 들어온다는 업체가 있었는데 그 업종은 이 건물에 입주가 안 돼요. 수고스럽겠지만 다른 업종으로 부탁드려요."

그 건물은 업종 제한이 있는 건물도 아니었음에도 불구하고 임대인이 이렇게 말하는 것이 이해가 되지 않았다. 사정을 여러 방면으로 돌려서 묻고 또 물어보니 상황은 이러했다. 몇 달 전 수원에 한 중개 법인에서 대표와 직원 두 명이 그 동일한 업종의 타 브랜드를 입점시키려고 3개월간 노력을 했다는 것이다. 그러나 그 업종은 입점할 수 없는 이유가 있었다. 밤낮으로 노력했지만 결국 그 문제를 해결하지 못해 임대차 계약을 할 수 없었다며 다른 업종이면 문제가 되지 않을 것 같으니 다른 업종으로 임차를 맞춰달라는 것이었다.

그러나 내가 판단했을 때는 입점할 수 없었던 그 문제라면 어떤 업종을 데려와도 입점하기 어렵다는 생각이 들었다. 그래서 임대인에게 물었다.

"그럼 그 문제를 제가 해결해드리면 임대인은 이 업종과 임대차 계약하시는 건 동의하시는 거죠?!"

임대인이 말했다.

"그럼요. 저야 무슨 업종이든 빨리 임대가 나갔으면 좋겠어요."
"네, 그럼 일단 제가 그 문제를 해결한다는 전제 하에 나머지 계약 조건 체크할게요."

나는 이렇게 말하곤 다른 중개 법인에서 3개월간 매달려도 해결하지 못했던 그 문제를 뺀 나머지를 모두 조율했다. 임대인과는 그렇게 통화를 마치고 임차를 원하는 고객과 현장에서 만났다. 미팅한 고객은 임차를 원하는 회사의 직원이었다. 이 고객의 회사 규정에는 전면에 권리금 없는 매물만 찾는 기준이 있었다. 권리금은 없었지만 전면 노출성이 없어 회사의 임차 기준에 맞지 않았다.

그러나 이 고객은 나와 미팅 후 이 매물이 회사에서 입점하기에 매우 적합하다고 판단했다. 고객의 의사가 호의적인 것을 확인하고 동일 업종의 타 업체가 이 매장에 들어오려 했다가 계약하지 못했던 이야기를 사실대로 말했다. 그러자 그 고객은 나에게 물었다.

"이 매물 계약이 가능하겠어요? 회사에 승인받았는데 혹시 계약을 못하게 되면 어쩌죠?"

내가 대답했다.

"음… 제가 보기엔 저는 해결할 수 있을 것 같아 오늘 미팅을 진행한 거에요~ 그러니 고객님은 회사에서 승인받고 연락주세요. 그럼 나머지 문제는 제가 해결하겠습니다."

이렇게 나는 다른 업체에서 3개월간 해결하지 못한 문제를 해결할 수 있다고 말했다. 그간 법무 일과 중개업에서 극단의 상황을 수도 없이 드라마틱하게 해결해본 경험으로 머릿속에는 이미 설계도가 그려지고 있었기에 그렇게 말할 수 있었다. NSR컨설팅 1단계에서 6단계가 자리 잡고 7단계가 가능한 시기가 되면 누구나 나와 같은 설계가 가능하다. 실제 NSR 수료 사장님들도 이 설계로 계약을 성공한 사례가 나오고 있다.

해결할 수 있다는 말을 들은 고객은 회사 승인받고 바로 연락주겠다며 헤어졌다. 헤어지고 몇 시간이 지나 연락이 왔다. 계약 체결하라는 내부 승인이 났다며 계약을 진행해 달라는 것이었다. 입점을 막고 있는 문제를 해결하려면 하루 이틀 시간이 소요될 수 있으니 그동안 내가 연락하면 바로 계약금 입금할 수 있게 돈을 준비하고 기다리라고 했다. 그렇게 말하고 나는 현장으로 갔다. 그리고 나는 실제 타 중개 법인에서 3개월간 해결하지 못했다는 그 문제를 단 네 시간만에 해결했고 계약을 성공적으로 완료했다. 물론 양 당사자에게 중개보수료 최고요율과 감사 인사까지 잘 받았다.

자, 이렇게 끝내면 이 책을 읽고 있는 독자는 분명 한숨이 터져나올 것이다. 〈중개의 정석〉 1권에서도 많은 독자가 어떻게 해결한 것인지 구체적인 방법이 기재되어 있지 않은 것을 참 많이 안타까워했다. 그러나 이 방법은 NSR컨설팅의 중개 원리를 숙지하고, NSR컨설팅 4단계와 5단계를 적절히 어울러 해결할 수 있었기에 여기서 구체적으로 어떤 행동을 해서 어떻게 해결했다고 속시원한 설명할 수 없는 것이다.

그리고 내가 모든 책에서 구체적 해결 방법을 설명하지 못하는 이유가 이 책은 누구나 볼 수 있기 때문이다. 중개사만 보는 책이 아닌 나라는 사람에게 관심이 있거나 미래에 중개업이라는 직업을 생각하는 현재의 고객이 모두 볼 수 있기에 실제 해결한 구체적인 솔루션은 NSR컨설팅에서만 공개하고 있다.

하지만 이런 상황도 계약이 가능하구나 하고 현재 알고 있는 99%의 중개 현실과 다른 세상도 있음을 알 수 있게 하는 이 책을 읽는 것만으로도 당신은 99%와는 다른 시각을 갖게 된다. 이런 성공적인 계약의 설계와 사례를 구체적으로 듣다 보면 누구나 설계도를 그려

낼 수 있다. 그래서 중개사는 얼마나 수준 있는 사례를 보고 경험할 수 있는지가 매우 중요하다. 제대로 된 사례와 방식을 알면 20년차 경력자 이상의 실력을 단숨에 습득할 수 있다. 8주만에 NSR컨설팅 수강 사장님들이 전문가 소리를 듣는 이유도 여기에 있다.

다음 미션을 수행하며 중개 원리의 핵심을 파악해보자. 한번에 답이 안 나올 것이다. 이 책을 7단계까지 모두 읽은 후 다시 검토하며 답을 수정해간다. 이 과정을 세 번 정도 반복하면 핵심이 보일 것이다.

[NSR 2단계 미션]
중개 원리 파악하기

다음 1~3번을 몇 번 반복해 적용하고 수정하는 과정 속
에 중개 핵심 원리의 답 뿌리기둥을 찾아낼 수 있다.

1-1. 당신이 생각하는 계약 체결의 가장 큰 중요 요인 한 가지를 쓰라.

<오늘>

1-2. <3개월 후>

1-3. <6개월 후>

2-1. 당신과 계약한 고객이 있다면 그 고객이 계약을 결심하게 한 결정적 요소 한 가지를 쓰라.

<오늘>

2-2. <3개월 후>

2-2. <6개월 후>

3-1. 위 1, 2번에 쓴 결정적인 요인을 다른 계약에도 적용해 보라. 그 요소를 적용할 때 다른 계약도 쉽게 일어난다면 그것이 중개 원리에서 말하는 뿌리기둥의 답일 수 있다. 1, 2번 문제를 풀며 당신이 생각한 중개 원리의 뿌리기둥을 써보라.

<오늘>

3-2. <3개월 후>

3-3. <6개월 후>

Chapter4.

NSR 3단계
중개 카테고리와
콘셉트 타게팅

중개 카테고리와 콘셉트의 중요성

NSR 3단계 카테고리와 콘셉트가 왜 필요할까? 중개업을 시작하려는 상당수 사람은 주변 자신의 지인이나 중개 실무 교수님이나 동네 친분 있는 공인중개사들에게 조언을 구하고 그 조언을 기본으로 카테고리를 결정한다. 이런 조언을 요청해본 사람이라면 대부분 아파트나 원·투룸으로 시작하라는 조언을 들었을 것이다. 그들이 초보인 당신에게 주거용을 추천한 이유는 계약을 빈번하게 할 수 있다는 것과 주거용이 중개 사고 위험이 가장 적기 때문이라고 말한다.

그러나 모든 사람에게 주거용 부동산이 맞는 것은 아니다. 아니 오히려 주거용으로 가면 매번 중개 사고를 매달고 살 수밖에 없는 성향들이 있다. 그리고 주거용 중개를 하는 중개사들은 소송까지 안 가도록 중개보수료에 자신의 사비까지 털어 손해를 배상하는 등 수없이 많은 사건 사고를 겪어야 한다. 그런 사실만 봐도 그 조언이 사실이 아니라는 것을 알 수 있다. 당신에게 그런 조언을 해준 사람이나 당신만 모르고 있을 뿐이다. 주택도 중개업 대상이고, 법의 사각지대가 충만한 위험 영역이다.

그렇다면 중개업에선 **안전한 영역**이 없을까? 있다. 그건 바로 **자신에게 맞는 카테고리와 콘셉트 속에서 중개업을 하는 것**이다. 사람마다 각기 다른 성향이 있다. 그리고 잘하는 분야가 존재하게 마련이다. 그런데 자신의 성향은 파악할 생각도 없이 무턱대고 당신을 모르는 사람의 말에 당신의 귀한 시간을 허비한다.

NSR컨설팅을 수료한 사장님들의 계약 후기를 보면 상가, 아파트, 땅, 공장 등 다양한 분야에서 계약을 하고 있다. 각자 자신에게 맞는 카테고리 속에서 콘셉트에 맞게 중개를 하다 보니 성과가 나오는 것이다.

조금 더 솔직하게 말하면 NSR 2단계 중개 원리를 파악하고 NSR 4단계 중개사용 고급 법률과 NSR 5단계 중개 스피치, NSR 6단계 매물 전문성을 갖추면 부동산 모든 카테고리의 경계가 없어진다. 그렇게 되면 자유롭게 카테고리를 넘나들며 계약을 할 수 있다. 왜냐하면 중개란 사람과 사람 사이에 이해관계를 좁혀 계약이라는 결과를 내는 것이기에 양 당사자 사이에서 안전하게 계약을 성사시킬 실력만 갖춰지면 그 대상은 아파트이건 땅이건 상가이건 상관 없어지게 된다. 이렇게 NSR컨설팅 1단계에서 6단계까지 숙지해 그 카테고리의

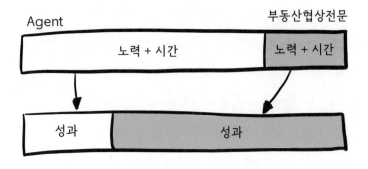

경계가 사라진다 해도 NSR 3단계인 카테고리 및 콘셉트 결정이 매우 중요한 이유가 있다.

사람은 누구나 하루 24시간이라는 한정적인 시간 안에 살고 있다. 한정된 시간 속에 더 좋은 결과를 내려면 자신에게 맞는 카테고리에 집중해야 한다. 그래야 그 노력이 더 높은 매출로 나타날 수도 있고, 스트레스 없이 전문성을 인정받는 중개로 오랜 시간 즐겁게 일할 수 있기 때문이다.

이것이 **선택과 집중**이다. 그 유한한 시간을 어디에 사용하고 집중하느냐에 따라 같은 시간 대비 가져가는 수입과 중개사로서의 만족

한정된 시간

선택과 집중

다양한
카테고리

도는 크게 차이 난다. **작게는 열 배에서 많게는 30배 이상까지도 차이가 날 정도로 이 NSR 3단계 콘셉트와 카테고리 결정은 매우 중요하다.**

　NSR컨설팅을 수강했던 수강생 I씨는 컨설팅을 오기 전 원·투룸을 주된 카테고리로 하며 매월 300만 원의 수입을 가져갔다. 컨설팅을 진행하며 I씨는 상가 등의 업무용 부동산을 주력으로 해야 한다는 컨설팅을 받았다. 수료한 후 I씨는 상가와 업무용 부동산에 집중했고 한 건에 1,000만 원, 700만 원의 계약을 수시로 하다가 결국 한 건 계약으로 5,000만 원의 수입을 단숨에 벌어들였다. 원·투룸만 했다면 수년이 걸렸을 수입이다. 그런데 단 몇 개월만에 벌어들인 것이다. 이 수강생 I씨에 대한 자세한 내용은 뒤에서 다루도록 하겠다.

이 외에도 아파트만 하던 수강생은 업무용 부동산으로 돈의 맛을 보고 사무실을 이전하였다. 더 적은 시간을 투자하지만 더 많은 매출을 내고 있다. 한 수강생은 창업을 위해 이 카테고리 컨설팅을 받았다. 업무용 부동산에 집중해 월 3,000 이상의 매출까지 내고 있다. 주변에서 아파트를 해야 한다고 주장하는 사람이 많았지만 컨설팅에서 배운 대로 밀고 나가 성과를 낸 것이다. 그 수강생은 자신이 아파트를 했다면 정말 적성에 안 맞아 일찍 중개업을 그만두었을 것이라며 주력 카테고리를 잘 정해 온 것 같다고 안도의 한숨을 내쉬었다.

NSR컨설팅을 찾아올 당시 자신에게 맞는 카테고리를 하고 있는데도 매출이 안 나 오던 수강생도 있었다. 그 이유를 파악해보면 콘셉트가 잘못되었다. 콘셉트를 수정하고 나자 매출이 폭발하고, 고객에게 받는 스트레스가 없어졌다. NSR컨설팅 도중 매출이 갑자기 크게 오르는 후기가 이 콘셉트 수정에 있었다.

콘셉트에 맞춰 대화법이나 억양 심지어 스타일까지도 특정해 컨설팅하기도 하지만 이 영역은 어디까지나 NSR컨설팅 오프라인에서만 진행할 수 있는 영역이라 이 책에서는 오픈할 수 없다. 하지만 이번 장에서 자신의 성향에 맞는 카테고리와 사람마다 장점을 살린 콘셉트가 존재한다는 것을 인지하게 된 것만으로도 당신의 방황은 최소 3년 단축되었다.

　현재 상가를 전문으로 하고 있는 수강생 J씨는 업무용 부동산이 절대 안 맞는 사람이었다. 아파트로 간다면 오히려 고수입을 올릴 수 있는 사람이었다. 아파트로 고수입을 찍고 상가로 갈아타야 상가 중개를 잘 할 수 있는 사람이었다. J씨는 몇 년간 매달려온 상가를 버리라고 하자 매우 아쉬워했다. 그러나 NSR 종강쯤 아파트로 전향했고 결과는 매우 성공적이었다. 이처럼 카테고리의 선택과 콘셉트 결정은 매출의 성패를 나눈다. 한정적인 시간을 고효율로 극대로 끌어올려야 하기 때문이다. 성향 분석을 위한 몇 가지 질문을 하여 미션을 주겠다. 이 미션을 수행하며 자신의 카테고리와 콘셉트를 정하고 시작하라. 당신의 성향을 모르는 상태에서 자신이 좋아하지도 않는 카테고리는 당신을 희망이라는 주제 속에서 오랜 시간 정신적·물질적 빈곤이라는 가혹한 형벌로 고문할 수 있음을 기억하자.

아파트로 인정받은 내가 상가를 하는 이유

나의 사례를 비추어 콘셉트와 카테고리를 설명해 보겠다. 〈중개의 정석〉 1권을 출간하고 가장 많이 들은 서평이 '위험에 처하면 히어로처럼 짠하고 나타나 자기가 해결했다. 자기 자랑밖에 없다'라는 내용이었다. 이런 서평을 쓴 사람이면 어차피 중개 원리를 몰라 〈중개의 정석〉 1권에 적힌 노하우를 못 읽어낸 사람으로, 분풀이를 겸한 서평이었을 것이다. 이 책도 결국은 '내가 컨설팅해서 짠~ 이렇게 잘되게 했었어요!' 하는 자기 자랑이 대부분이다. 지금은 아예 대놓고 내 자랑을 해보겠다. NSR컨설팅을 수료한 사장님들은 대놓고 하는 자랑 속에 핵심 노하우를 캐치하고 있을 것이다.

나는 아파트 단지에서 거래 절벽 시기에 다섯 팀까지 줄을 세워 계약서를 작성할 정도로 양타 매매 전문으로 계약을 잘했다. 그 덕에 단기간에 투자도 받았다. 누가 봐도 아파트 계약이 적성에 맞아 보였다. 단지 내 아파트에 있다 보니 고객들이 친하게 지내자며 사무실에 와서 몇 시간이건 돌아가지 않았다. 그럼 나는 그들과의 대화를 계약으로 끌고 갔다.

수원에서는 업무용만 중개업을 하겠다고 구석에 처박혀 은둔자처럼 사무실을 오픈했다. 그런데 부득이 아파트 계약을 하게 되었다. 계약한 이 여성 고객은 잔금을 모두 치른 뒤 나에게 밥을 사겠다고 했다. 나는 몇 차례 거절했다. 그러자 그 고객은 나에게 이렇게 물었다.

"사장님하고 친해지려면 어떻게 해야 해요?"

이 고객이 이렇게 물어올 정도면 아파트 단지 내로 가면 대박칠수 있다는 뜻이다. 아파트 단지에는 입심이 강한 엄마들이 있다. 입심이 센 엄마들은 유난히 까다롭다. 나를 좋아하는 고객들은 대부분 까다롭기로 둘째가라면 서러운 고객들이다. 이런 까다로운 고객들은 일 잘하는 중개사를 좋아한다. 까다로운 고객이 일 잘하는 중개사와 친해지려는 이유는 좋은 중개사를 옆에 두면 도움이 된다는 경험 때문이다. 이 고객은 같은 단지에 친분 있는 사람이 많았다. 그며칠 동안 많은 사람을 소개해줬다. 그러나 상가만 한다고 모두 거절했다.

지금 나에게 돈을 버는 것이 가장 큰 관심사라면 이 고객을 무조건 잡아야 하는 것이다. 아파트 단지 앞에 부동산을 오픈하고 이런 입심 있고 자금 있는 고객 몇 명과 친해지면 중개업이 쉬워진다. 현재 내가 있는 이 지역에서 그렇게 중개업을 하면 아파트뿐만 아니라 상가에서도 더 많은 돈을 벌 수 있다. 여기까지만 보면 나는 아파트가 참 잘 맞아 보인다.

그러나 나는 위에서도 말한 바와 같이 이 사람을 인맥으로 쌓을 수 있는 손을 거절했다. 사실 이런 제안은 상당히 많이 들어왔다. 나란 사람은 친한 친구들도 일 년에 한번 만날까 말까 할 정도로 사람을 잘 안 만난다. 너무 많은 사람과 친해지거나 많은 미팅을 하면 할수록 스트레스를 받는다. 사람들과 미팅을 하고 나면 혼자 있는 시간이 그 이상이 되어야 다시 기력을 회복한다. 그러다 보니 중개업은 10개월만 해도 너무 많이 늘어난 인맥에 혼자 스트레스받고 몇 개월간 쉰다. 요즘 매년 1회씩 장기 여행을 가는 이유도 그런 성향 때문이다. 이런 성향 때문에 아파트가 돈은 벌 수 있어도 내 성향에 맞지 않는 카테고리가 되었다. 이런 성향인데 강남에서 열 명의 직원과 중개 법인을 운영했다니. 지금 생각하면 왜 그리 단시간에 새치와 주름이 확 늘었는지 이해가 된다.

나에게 중개업이란 열심히 움직이지 않아도 가장 쉽게 돈을 벌 수 있는 영역이다. 사람을 너무 많이 만나면 힘들지만 가끔 한두 명 만나는 것은 오히려 힘이 된다. 그러다 보니 나는 업무용을 주된 카테고리로 정한 것이다. 그나마 업무용을 전문으로 하면 돈 버느라 바쁜 자영업자들이거나 그냥 냅둬도 정신없는 대표들을 주로 만난다. 그들은 하루 종일 수다떠느라 내 사무실에 앉아 있지 않는다. 서로 용건만 끝나면 몇 년 뒤에 만나 다시 계약해도 반가운 관계가 유지된다. 상가를 하다 보면 계약한 고객이 독점으로 내놓겠다며 아파트를 수시로 내놓지만 정중히 거절한다. 이렇게 해야 나라는 사람이 그나마 이 중개업을 더 오랜 기간 할 수 있기 때문이다.

누가 보면 참 배부른 소리라고 할 수 있다. 그러나 현재 나는 중개업으로 최고 매출을 경신하며 고수입을 올리는 것보다 정해놓은 매출 정도만 유지하고 사람을 적게 만나 내 개인 시간을 확보하며 쉬는 것이 더 중요한 것을 어쩌겠는가. 이것이 성향 분석의 중요한 이유이다.

당신은 당장 당신에게 가장 중요한 한 가지를 결정하라. 그리곤

자신의 성향과 현실의 목표와 중간 지점에서 합의점을 찾아라.

주 7일 근무 300만 원 VS 워라밸 챙기며 5,000만 원 벌기

자신에게 맞는 카테고리는 상당히 중요하다. 자신의 장점을 살린 콘셉트와 적성에 맞는 카테고리로 주되게 중개하면 고객에게 더 높은 신뢰감을 줄 수 있고, 매출은 열 배 이상 차이날 수 있다. 40대에 아이 둘을 둔 중개업 4년 경력의 남자 수강생 K씨가 NSR컨설팅을 수강했다. 컨설팅 첫날 K씨를 대면하자 그냥 영화배우 마동석이 떠올랐다. K씨는 유난히 키도 크고 체형도 건장했다. 나는 남자 배우 중에 마동석을 제일 좋아한다. 그래서 K씨를 보자마자 바로 생각이 난 것 같다.

K씨는 개인 발표 시간이 되자 자신의 현재 상황을 이야기해주었다. 자신은 한 집안의 가장으로 다른 일을 하다 친구의 권유로 중개업을 시작했다고 한다. 중개업을 권유한 친구는 원·투룸을 전문으로 하고 있었다. 그 친구는 K씨에게 원·투룸을 전문으로 하면 중개 사

고도 적고 안정적인 수입이 가능하니 원·투룸 전문 중개를 같이 하자고 제안했다는 것이다.

180cm가 넘는 키에 마동석이 떠오를 만한 건장한 체격을 가진 이 수강생이 원·투룸을 한다니 나도 모르게 웃음이 빵 터져 나왔다. 내가 물었다.

"고객분들과 해가 진 후 집 보러 가면 꺼려하거나 무섭다는 말 들어보신 적 있으신가요?"

그러자 그 수강생은 아주 가끔 그런 에피소드가 한 번씩 발생한다고 했다. 매물이 공실이라면 닫힌 공간에 고객과 중개사만 있다 보니 중개사의 고의성이 없더라도 고객은 수시로 불안감을 느낄 수 있다. 반면 임차인이 있는 집에 남자 중개사가 고객과 방문할 경우 문을 안 열어주는 경우도 허다하다.

우리 직원들도 이런 상황과 수없이 마주했다. 나 역시 예전에 크게 놀란 적이 한 번 있어 집을 구할 땐 여자 중개사를 찾는다. 대다수 남자 공인중개사가 상가 중개를 두려워하면서도 상가 등 업무용 부동산을 주로 하는 이유가 여기에 있다. 고객이 문을 열어주지 않는 사례가 많다 보니 자의보다는 타의에 의해 업무용 부동산을 선택한 것이다. 그런데 하물며 큰 키에 건장한 체격의 40대 남자가 원·투룸 이라니…….

건장한 체격 때문에 겪은 에피소드를 듣고 있자니 컨설팅 현장 은 웃음바다가 되었다. K씨는 원·투룸을 시작할 당시 주변 지인들도 원·투룸으로 시작하는 게 안전하고, 어차피 경력이 쌓이면 자연스럽 게 매매도 하고 상가도 할 수 있다는 말에 원·투룸으로 중개업을 시 작했다는 것이다.

그러나 대부분 공인중개사가 겪는 것처럼 K씨 역시 4년차인 지금 도 원·투룸만 하고 있다는 것이었다. 이외의 카테고리는 경력이 쌓 일수록 주변의 중개 사고를 더 많이 보게 되어 엄두조차 낼 수 없는 상태라고 했다.

4년차인 현재 고맙게도 매출이 펑크 나는 일 없이 안정적인 수입 을 가져가지만 3년째 고정된 수입에 늦은 퇴근과 반복되는 주말 근 무로 지쳐 이곳에 찾아오게 되었다고 했다. 컨설팅이 시작되자 K씨 는 아이 둘과 마음 놓고 여행도 가고 더 풍족하게 살고 싶다고 했다.

오랜 시간 주말도 없이 늦은 퇴근으로 이미 지칠 대로 지쳐 있었기에 더 간절했을 것이다.

원·투룸이나 아파트를 주로 중개하다 온 사람 상당수가 기본적으로 하위 99%의 관습과 카더라통신에 깊게 젖어 있다. 을의 베이스가 자신도 모르게 습관화되어 있다. 내가 직원을 채용할 때 경력자보단 초보를 선호하는 이유도 여기에 있다. 처음 중개업을 하면서 잘못된 습관이 몸에 배면 그 습관을 제거하고 NSR컨설팅의 방식을 주입하는 것이 초보에게 이 방식을 컨설팅해서 습관화 시키는 것보다 훨씬 어렵다. 경력이 거의 없거나 몇 개월 안된 수강생이 초고속으로 결과를 내는 것도 이런 이유이다.

K씨는 주말도 없는 늦은 퇴근에도 불구하고, 컨설팅 기간 과제도 성실히 제출하며 하루도 빠짐없이 출석했다. 과제와 발표 등을 보며 분석해보니 상당히 돈그릇이 큰 사람이었다. 말 그대로 부동산에서 큰 손이라 불리울 정도의 스케일을 가진 사람인데 오랜 시간 원·투룸에 갇혀 자신의 실력을 발휘하지 못한 케이스였다. K씨에게 처음 중개업을 권한 친구가 원·투룸이라는 중개 시장에 있던 사람이다 보

니 자연스럽게 K씨가 볼 수 있었던 세상이 그것에 한정되어 있었던 것이다.

그런데 만약 K씨가 다른 세상이 있다는 것을 볼 수만 있다면 나의 경험치를 벤치마킹해서 나보다 훨씬 더 큰 금액과 넓은 세상으로 나아갈 수 있겠다는 판단이 섰다. 사람은 자신이 볼 수 있는 세상에서 실력을 발휘할 수 있다. 세계 신기록을 보라. 피겨스케이팅에서 여자 선수가 200점을 돌파한다는 것은 있을 수 없는 일이었다. 그러나 그 한계를 처음으로 김연아 선수가 넘어서자 지금은 200점 돌파 여자 선수가 다수 배출되고 있다.

중개업도 같다. 자신이 본 세상에서 상가는 두렵고 사건 사고에 휘말려 위험한 것이라는 인지가 되어 있는데 NSR컨설팅에서 내가 한 계약의 사건 발생과 솔루션, 그로 인해 돈으로 만들어지는 과정을 정밀하게 본다. 한두 건이 아닌 몇십 개의 경험치를 축적하다 보면 자신도 모르게 자신의 뇌에 '업무용 부동산은 위험하지 않아. 오히려 안전해. 그리고 이렇게 하면 돈을 더 많이 벌 수 있어'라는 등의 새로운 경험치가 무한히 쌓이게 된다. 당연히 이 경험치에는 아주 고급의 지식과 방식이 나열되기에 가능하다. 그래서 5주차만 되면 과

반수 이상의 수강생에게 당장 차려서 고수입을 낼 수 있겠다는 자신감이 생기는 것이다.

종강일을 2주 앞두고 K씨에게는 상가 전문으로 전환할 것을 추천했다. 상가를 자유자재로 하게 되면 땅이나 지식산업센터 등은 그냥 자연스럽게 할 수 있다. 공인중개사 대부분이 가지고 있는 보이지 않은 큰 벽을 없애주고 할 수 있는 경험을 다양한 사례로 주입했다. 그러자 K씨는 반드시 상가를 하겠다는 약속을 했다. 당장은 처자식을 먹여 살려야 하는 가장의 입장에 있다 보니 원·투룸을 바로 놓고 상가에 매달릴 수는 없었다. 원·투룸을 하면서 상가를 병행하겠다는 전략을 세웠다.

그렇게 자신감이 충만한 상태로 종강을 했고, 얼마 뒤 소식을 전해왔다. 상가 중개 수입이 원·투룸 매출을 넘어서게 되어 지금은 원·투룸은 실장 한 명을 채용해 맡게 하고 자신은 상가 등 업무용 부동산만 전담한다는 것이었다. 그리곤 얼마 지나지 않아 상가 통임대 중개로 계약 한 건에 1,000만 원이 넘는 매출을 냈다며 감사하다고 연락이 왔다. 그 후 계약 한 건에 5,000만 원의 계약 등 하늘 높은 줄 모르고 환상적인 결과를 내고 있다. K씨가 가진 고유의 스케일과 장점을 살려 중개 콘셉트와 카테고리를 바꾸자 나타난 당연한 결과이다. K씨가 몇 년 뒤엔 어떤 매출과 스케일을 자랑하고 있을지 매우 기대된다.

[NSR 3단계 미션]
셀프 카테고리 측정법

이번 미션은 다음 질문에 한 가지도 빠짐없이 답을 하는 것이다. 당신에게 맞는 카테고리 결정에 도움을 주는 질문을 나열하겠다. 이 질문들을 채우다 보면 자신에게 적합한 카테고리를 찾게 될 것이다.

이번 미션의 답변을 다 쓰는 동안 카테고리 결정에 확신이 들지 않는다면 답변을 모두 지우고 몇 번이고 다시 해보라. 내가 왜 이런 질문을 했을지 질문의 의도를 생각하며 쓴다면 더 빨리 자신에게 맞는 카테고리를 찾을 수 있다.

1. 당신은 중개업을 왜 하게 되었는가?

2. 부동산 거래는 해본 적이 있는가? 해보았다면 어떤 계약을 해보았는가?

3. 부동산 계약을 하면서 또는 우연히 알게 된 중개사는 어떤 모습이었는가? 중개사로서 전문가적인 모습을 갖추고 있었는가?

4. 당신이 하고 싶은 부동산 카테고리는 무엇인가?(아파트 /
주택 / 상가 / 지식산업센터 / 땅 등)

5. 주변 지인의 시각에서 당신이 잘할 것 같다고 생각하는 카테고리는 무엇인가?

6-1. 5번까지 쓴 답변을 보고 해야겠다고 생각이 드는 카테고리를 쓰라.

<오늘>

6-2. <3개월 후>

6-3. <6개월 후>

7-1. 6번에서 정한 카테고리의 고객에게 당신은 어떤 서비스를 제공할 수 있는지 쓰라.

<오늘>

7-2. <3개월 후>

7-3. <6개월 후>

8. 위 7번에서 정한 서비스를 고객에게 제공할 경우 다른 중개사와 경쟁력에 도움이 될지 친한 지인에게 물어보라(이때 물어볼 지인은 까다롭고 대놓고 싫은 소리 잘하는 사람일수록 좋다).

Chapter5.

NSR 4단계
중개사용 고급 법률의 장착

실무용 법률과 시험용 법률의 차이점

중개사에게는 현장에서 바로 사용할 수 있는 실무용 법률이 필요하다. 고객과 대면하는 순간부터 중개 사고의 여부는 결정된다. 계약서에 작성하는 특약 한 줄로 고객과 자신을 안전하게 지켜낼 수도 있고, 그 특약 한 줄로 몇 달 뒤 수천만 원의 손해를 배상하는 사건으로 연결되기도 한다.

NSR컨설팅 4단계에서는 고객과 자신의 안전을 위한 중개사용 고급 법률을 장착하는 과정을 거친다. 중개사용 고급 법률이란 실무에 바로 사용해서 돈으로 만들어내거나 사건 사고나 분쟁을 단칼에 해결할 수 있을 정도의 중개사에게 최적화된 실무용 법률을 뜻한다. 당신은 시험용 법률과 실무용 법률의 차이점을 아는가? 아마 법무사나 변호사로 현직에 있거나 직접 여러 건의 소송을 해본 사람이 아니라면 이 차이점을 알기 어려울 것이다.

두 유형을 풀어서 설명하자면 시험용 법률은 시험을 잘 치기 위해 문자를 외워 정해진 답을 쓰면 좋은 점수를 얻는 것에 중점화되어 외우기 위한 법률이다. 즉 정해진 답을 기재하기만 하면 된다. 그렇다면 실무용 법률은 무엇인지 짐작이 가는가? **실무용 법률이란 정답이 없는 현재에 내가 원하는 정답이 나오도록 시험용 법률을 사용해 원하는 결과를 만들어내는 것이다.** 중개사에게 법률 수준은 3단계로 정리할 수 있다.

- 기본 : 현존하는 대부분 중개 실무 학원에서 진행하는 시험용 법률
- 중급 : 중개업에 꼭 필요한 법률을 추가하여 현장에 적절히 배치할 수 있는 수준의 실무용 법률의 기초 단계
- **고급 : 실무용 법률로 현장에 원하는 결과를 얻어낼 수 있도록 설계가 가능한 고급의 법률 사용 능력**

중개사는 정반대의 이해관계를 가진 사람들 사이에서 계약이라는 하나의 목표를 성공시키는 직업이다. 전 재산에 가까운 큰 돈이 오가다 보니 정반대의 이해관계를 가진 당사자들은 조금이라도 더 자신의 이득을 챙기기 위해 자신의 입장을 고수하며 수시로 팽팽한 대립을 한다. 이런 긴박한 상황에 있는 사람들 중간에서 역할을 해야

하는 업무이기에 실무용 법률을 숙지하는 것이 필수이다. 이것이 장착되어 있지 않은 중개사들은 자신을 스스로 '을'로 만들며 일한다.

내가 법무 일을 할 때였다. 하루는 문밖에서도 목소리가 들릴 정도로 극단적 분쟁이 오가는 중개 사무실에 방문했다. 잔금 일이라 나는 대출과 이전 등기를 진행해주기 위해 법무사 직원으로 참석한 자리였다. 고성이 왜 오가는 것인지 가만히 앉아 들어보았다. 아파트 잔금날이라 이삿짐을 다 빼고 나니 매도인도 모른다는 누수 흔적이 발견된 것이다. 중개사는 좋은 게 좋은 거라며 조금씩 양보하라는 말로 사건을 해결하려고 했다. 그러자 이 말을 들은 양 당사자는 왜 자신들이 돈을 물어내느냐며 소리 지르기 시작한 것이다.

이전 등기를 위한 서류를 받아든 나는 사건이 왜 이렇게 극단적으로 전개되었는지 궁금해 매매계약서 특약을 확인했다. 그 계약서에는 이렇게 적혀 있었다.

'현 상태를 확인하고 하는 계약임'

매수인은 매도인이 수리해줘야 한다고 주장했다. 그러나 매도인은 이 문구 하나로 그 당시 확인 못한 매수인이 잘못이라고 말했다. 그리곤 자신이 누수가 있다고 그 당시 알았거나 그걸 그때 중개사가 말해줬다면 자신이 이 금액에 절대 매매하지 않았을 것이라며 중개사에게 소리를 질렀다. 그러자 매수인은 바로 그 매도인의 말을 받아먹었다. 매도인이 물어내라고 소리 지르던 매수인은 중개사가 확인 설명을 제대로 하지 않아 발생한 일 아니냐며 매도인을 향하던 칼날을 돌려 중개사에게 꽂았다.

이때다 싶었는지 매도인도 자기 말이 그 말이라며 둘이 합세해 중개사를 공격하기 시작했다. 시간이 갈수록 양 당사자의 목소리는 하늘을 찌르듯 높아졌다. 이 현장을 보고 있자니 마치 무죄를 주장하기 위해 증인을 내세우고 상대방에선 다른 유리한 증거 자료를 수집해 기세를 다시 역전시키는 아주 흥미진진한 드라마 속에나 나올 법한 긴박한 재판정의 모습이 떠올랐다. 단, 차이점이 있다면 이곳은 판사가 없는 재판정이었기에 말 그대로 춘추전국시대 아수라장이었다.

결국 그 누수 수리 비용은 그 중개사가 자신이 받을 중개보수료에 돈을 조금 더 보태 마련하는 것으로 마무리됐다. 중개사가 물어내겠다고 하자 매도인이 이렇게 말하곤 사무실을 나갔다.

"그러니까, 일을 제대로 해야지! 중개사 잘못 만나서 시간 뺏기고 기분 상하고 이게 뭐에요!"

그렇게 그 중개사는 죄인이 되어 있었고, 일을 했는데 돈을 벌기는커녕 물어내야 했다. 그 중개사는 큰 충격을 받은 듯 얼굴이 빨개지더니 자신의 책상으로 갔다. 그리곤 고개를 떨구고 한참 말없이 앉아 있었다. 당시 나는 상황을 어떻게 정리해야 하는 줄은 알았지만 내 입장상 나서면 안되는 자리였기에 쓸쓸해 보이는 그 중개사의 뒷모습만 바라보다 내 일을 마무리하기 위해 그 현장을 나왔다.

지금도 생각하면 마음이 참 착잡하다. 자꾸 생각이 나 몇 달 뒤 일부러 그 사무실 앞으로 지나가며 간판을 보았는데 대표 이름이 바뀌어 있었다. 이 사건을 예로 보면 시험용 법률에선 매도인이 하자 담보 책임을 부담하므로 물어내도록 한다. 하지만 현실은 어떤가. 중개사가 물어냈다. 이유가 무어라고 생각하는가. 이 중개사가 이 매도인 하자 담보 책임을 몰랐을까? 아니다. 알았을 것이다. 분쟁 중에 언급하기도 했다.

그럼에도 불구하고 왜 자신이 물어내는 것으로 마무리를 해야 했을까? 이 책을 읽으면서 이런 사건이 발생하는 것이 매우 드물 것이라 생각할 수도 있지만 상황이 조금 변형되어 다양한 모습으로 같은 유형의 사례는 상당히 빈번하게 발생한다. 현장에서는 이렇게 실무용 법률을 사용할 줄 모르면 시험용 법률로는 해결할 수 없는 일이 참 많다.

[예시]

이 중개사가 고객들에게 돈을 물어주겠다고 말하게 된 결정적인 계기가 바로 아래 특약 한 줄이었다.

'현 상태를 확인하고 하는 계약임'

인터넷에 몇 번 검색해보면 수시로 나오는, 시험을 위한 암기용 법률이다. 만약 이 특약을 실무용 법률로 바꾼다면 이 정도를 기재할 수 있다.

'매수인은 현장을 방문하여 현 상태를 직접 확인하고 체결하는 계

약임(별첨 현 상태 사진 첨부)'

'매도인은 누수 및 중요 부분의 하자가 없음을 고지함'

이렇게 현재 상황을 조금 더 능동적으로 판단하고 그에 맞는 특약을 자유롭게 기재를 할 수 있다. 이 정도로 실무용 법률 사용법이 익숙해진다면 능동적으로 분쟁을 예상하고 조기 차단하는 특약 기재가 가능해지는 것이다. 만약 계약 당시 이런 분쟁 차단용 특약을 작성하지 못했다 해도 위와 같은 상황에 실무용 법률을 사용하며 몇 마디 말로 상황을 종료시킬 수 있다. 내가 여러 분쟁 상황을 단칼에 종료시킬 수 있었던 것이 바로 실무용 법률 사용에 익숙하기 때문이다. 이것이 바로 시험용 법률과 실무용 법률의 적용 차이이다.

시험용 법률에 익숙한 하위 99%의 중개사는 시험의 정답은 알지만 그것들을 현장에서 어떻게 사용하는 줄을 모른다. 그래서 매번 당한다. 그러다 보니 10년차, 20년차 오랜 경력을 가진 공인중개사들이 돈은 좋은데 고객 때문에 스트레스를 너무 많이 받는다고 한다. 최근에 아는 지인이나 수강생들로부터 이런 말도 들었다. 자신이 전에 다닌 사무실의 대표님은 고객에게 받는 스트레스 때문에 우울증

약을 복용한다고 말이다. 심지어 어느 동네에선 그 주변 중개사들끼리 서로 좋은 우울증 약을 추천한다는 말도 전해 들었다.

시험용 법률을 실무용 법률로 변환하는 방법은 생각보다 간단하다. 많은 경험과 사례를 통해 루틴을 세우면 된다. 직원들과 지인 공인중개사들에게 매번 반복되어 나타났던 이 시험용 법률의 부작용 때문에 NSR 4단계 중개사용 고급 법률을 정리해 컨설팅했다. 그러자 경력 많은 공인중개사들에게 괴롭힘을 당하던 젊은 중개사는 오히려 더 경력을 인정받는 전문가 대우를 받게 되었다. 이 중개사용 법률을 활용해 매주 돈으로 만들어오는 중개사도 있었다. 백이면 백 모두 말리던 계약을 그 누구보다 안전하게 마무리하고 매출을 일구는가 하면, 초보 4개월차에 이런 실력 있는 중개사를 처음 본다며 법인의 여섯 개 매물을 전속으로 받아 계약하는 후기까지 나왔다.

대부분 중개 사고를 예방한다며 이미 사건 사고로 발생된 사건에 맞는 특약 한 줄을 외워 기재하는 방식인 시험용 법률을 공부한다. 하지만 현장에서 시험용 법률을 사용하면 오히려 위와 같은 부작용이 수시로 나타난다. 위의 사건은 특약을 잘 썼거나 아니면 중개사가 예리한 항변을 할 수 있는 실무용 법률에 능통했다면 오히려 고객들에게 미안하다는 사과를 받아내고 비용도 부담하지 않았을 텐데 시험용 법률에만 머물러 아무것도 사용하지 못한 채 억울하게 끝난 사건이다.

당신도 시험용 법률 수준에 머물러 있는가? 아니면 자신이 아는 법률로 매출을 만들고 사건 사고를 한 방에 해결할 수 있는 실무용 법률인 중개사용 고급 법률을 장착하고 있는가? 다음 사례 후에 나오는 NSR 4단계 중개사용 고급 법률 미션을 꼭 풀어보기 바란다.

오늘은 합법, 자고 일어나니 불법

공인중개사는 사기꾼이라는 인식이 만연해 있다. 이런 인식에 부응이라도 하듯 한 공인중개사는 몇 년 전 터진 전세 사기로 뉴스 1면을 장식하기도 했다. 당시에는 불법으로 정형화되지 않은 정책의 사각지대는 부동산정책의 실패로 사회적 문제를 발생시켰다. 이런 정책 실패가 발생하면 힘있는 사람들은 그 책임을 전가할 만만한 사람을 찾는다.

이 전세 사기 사건을 만들어낸 부동산정책의 실패 역시 그 책임을 공인중개사가 떠안는 사건이 발생했다. 물론 고의로 정책을 악용해 사기에 적극 가담한 공인중개사도 있었다. 하지만 억울하게 전세 사기꾼으로 몰려 과태료와 행정처분, 손해배상을 부담하게 된 중개사도 있었다. 그들은 무지에서 당한 것이었다.

하루는 중개업을 하는 지인 L씨에게서 연락이 왔다. 연락한 이유를 묻자 L씨도 억울하게 그 전세 사기 가담자로 엮여 소의 당사자로 소장을 받았다는 것이다. 당시 내가 잡아놓은 스케줄이 많았을 때라 몇 주를 미루다 답변서 제출 마감이 다 되어서야 만났다. 소장을 읽어보니 한숨이 절로 나왔다.

L씨는 전에 같은 부동산에서 일하며 알게 되었다. 나는 당시 L씨에게 중개 사고에 연루되지 않을 수 있는 몇 가지 철칙을 알려줬다. L씨는 전세 사기 사건이 사회적 이슈가 되기 몇 해 전 주거용을 전문으로 중개하겠다며 타 지역으로 간다고 했다. 나는 주택을 한다면 고의가 없어도 다양한 사고에 연루될 수 있음을 인지시켰다. 그리고

나는 L씨에게 고객도 지키고 중개사 자신도 지켜낼 수 있는 안전 장치를 가르쳐줬다. 고집이 상당히 센 친구였지만, 내가 알려주는 중개업에 관련된 법률이나 방식들은 목숨처럼 지키는 친구였기에 이 소장에 기재된 내용이 이해가지 않았다.

소장의 내용은 L씨가 전세 사기에 적극 가담한 것이 사실인 듯이 기가 막히게 쓰여 있었다. 그래서 더 디테일하게 물어보며 전체적인 증거 자료와 과정을 분석했다. 모든 상황을 파악하고 나니 L씨는 내가 알려준 철칙을 모두 잘 지켜 계약을 완료했다. 계약의 전 과정만 봐서는 흠을 잡을 수가 없었다. 그럼에도 불구하고 L씨가 전세 사기에 적극 가담해 고객에게 손해를 발생시켜 3억 8,000만 원이라는 손해를 고스란히 부담해야 한다며 소송의 당사자가 되어 있었던 것이다.

L씨는 억울해 했다. 억울해서 나를 만날 수 없던 시간 동안 뭐라도 써내고 싶어 안달났을 텐데도 내가 시간이 될 때까지 기다리다 온 것이다. 실무용 법률에 익숙하지 않은 사람은 항변 한 번 잘못하거나 절대 오픈하면 안 되는 증거를 제시하는 순간 상황이 역전된다는 내 말을 기억한 것이다.

생각해보자. 누가 L씨를 피고의 당사자로 지목했겠는가? 그것은 바로 법정에서 승소를 끌어내는 데에 익숙한, 법정 실무용 법률에 능통한 변호사였다. 그가 고객을 설득해 L씨를 적극 가담자로 그럴싸하게 포장해 소를 제기한 것이었다. 실무용 법률에 익숙하지 않은 사람이 상대가 파놓은 함정에 몇 가지 힌트를 던져주면 실무용 법률에 익숙한 변호사는 곧 바로 그것을 물어 승소를 이끌어낸다. 내가 본 몇몇 판례 중 억울하게 공인중개사가 손해배상을 부담했던 판례가 이런 전개였다.

중개사는 대부분 이 실무용 법률의 이해가 적다. 왜냐하면 현재 공인중개사를 대상으로 하는 모든 법률 교육이 시험용 법률로 한정되어 있기 때문이다. 중개사라는 직업은 사회적 사각지대에서 보호받지 못하는 부분이 크기 때문에 자신과 고객을 지켜낼 수 있는 중개 실무용 법률의 숙지가 어느 직업보다도 절실하다.

이전 사례에서 억울하게 누수 공사 비용을 부담한 중개사도 그 현장에서 실무용 법률을 사용할 줄만 알았다면 자신에게 불리할 항변이 아닌 자신과 자신이 지켜야 할 고객을 안전하게 지킬 항변을 할 수 있었을 것이다. 그것이 가능했다면 시험용 법률에 나온 대로 그

비용을 부담해야 할 매도인에게 부담하도록 하여 아름답게 상황을 마무리할 수 있었을 것이다.

그렇다. 현재 대다수 공인중개사가 시험용 법률 수준에만 머물러 있다. 외우고 외운 것을 그대로 옮겨 적는 것에 익숙하다. 법률이나 실무 학원에서 해도 된다고 하면 자신의 판단이나 기준없이 해도 된다고 생각한다. 그들의 말을 신처럼 받아들이고 외운다. 우리나라에는 현재는 합법이라고 인식된 영역이 머지않은 미래에 불법이 될 수도 있는 정책과 제도가 무수히 많다. 이번 전세 사기 사건도 그런 정책 중 하나였다. 거기다 타 자격증과 달리 공인중개사는 유난히 법률 사각지대가 많아 수많은 중개 사고에 노출이 되어 사건 사고에 매우 취약한 자격증이다. 그렇기에 수시로 증거를 제시하고 항변해야 하는 법정과 같은 중개 현장에서 억울하게 손해를 배상하는 사건이 끊이지 않고 발생하는 것이다.

그런데 아직도 대부분의 실무 교육 학원은 법률을 외우고 이를 그대로 적용하는 방식의 후진국형 시험용 법률 교육에 머물러 있다. 현재는 불법이라 명시되지 않았지만 머지않은 미래에 공인중개사의 행동이 불법이 되어 범법자가 될 수 있는 시한폭탄을 수없이 끌어안은 채 중개업을 하고 있는 것이다.

다행히 L씨는 내가 제시했던 중요한 부분의 안전 장치를 모두 완료하고 계약을 진행했기에 쉽게 도와줄 수 있었다. 답변서를 제출하고 얼마 지나지 않아 원고의 변호사는 소 취하서를 제출했다. 억울하게 손해배상을 한 공인중개사 대열에 들어설 뻔한 사례 하나를 제거했다.

시험용 교육에 국한되어 법률을 일차원적으로 외우고 그를 그대로 고객에게 상담한다. 이런 행동은 고객과 공인중개사 자신에게 원자폭탄을 투하하는 것과도 같다. 거기다 심지어 공부한다고 인터넷 검색을 한다. 그러나 인터넷 세상에는 판결문을 반만 읽은 것인지 판결 내용을 오기한 판례가 수도 없이 돌아다닌다.

시험용 법률에서 벗어나 중개사용 실무용 법률로 스스로 상황을 판단하는 실력을 키워라! 그러면 오늘은 합법처럼 보이지만 자고 일어나면 불법이 될 수 있는 법률이나 제도가 눈에 보일 것이다.

외워서 쓴 특약과 관습은 중개 사고를 반복되게 한다

하루는 기존 고객과 계약 하나를 진행했다. 우리는 매수인 쪽 부동산이었고 상대는 물건지 쪽이었다. 공동 중개를 하다 보면 나 혼자 양타로 계약을 진행할 때보다 훨씬 다양한 변수가 발생된다. 변수 발생을 예상하고 계약을 진행하기 시작했다. 매물 현장을 확인하고 계약을 결정했다. 정한 조건에 맞게 계약금 중 일부를 입금했다. 입금하자마자 그 변수는 시작됐다.

매수인은 투자 목적으로 매수하는 상황이었다. 매도인은 실거주자로 이사하며 내놓은 것이기에 새로 거주할 전세입자와 일정을 맞춰야 했다. 전세입자의 잔금일에 맞춰 매매 잔금을 치러야 했기에 매매 잔금일을 4개월 뒤로 정해 계약에 합의하고 진행한 것이었다. 매도인은 이사갈 집이 정해져 있다며 매도인이 나서서 넉넉하게 잔금일을 정한 것이었다. 그러나 계약금이 입금되자마자 갑자기 매도인이 부리나케 뛰어 내려왔다. 그리곤 이런 말을 했다.

자신의 친척 언니가 중개업을 하는데 그 언니 말이 잔금일을 늦게 잡으면 안 된다고 했다며 잔금일을 2개월 앞당겨 변경해 달라는 것이었다. 계약 조건을 픽스한 후 계약금이 이미 입금된 상태였기에 매수인이 거절하면 그뿐이었다. 나는 매수인뿐만 아니라 매도인도 위험한 상황에 처할 수 있는 변경이라 판단해 반대했다. 그러나 매도인이 강력하게 변경을 주장하기 시작했고, 이를 본 매도인 측 부동산은 매도인의 편에서 변경을 요청했다. 매도인이 완강하게 요청하자 우리 매수인은 내가 위험하지 않다고만 판단해준다면 변경에 응하겠다고 했다. 변경된 계약 조건으로 인해 우리에게 불이익이 없는지 살뜰히 검토했다. 우리가 반드시 챙겨야 할 실무용 법률을 캐치할 수 있었기에 이에 동의하고, 매도인이 원하는 변경 조건으로 계약을 진행했다.

매도인과 매수인이 모두 모여 계약서를 작성하기로 하고 현장에서 만났다. 매도인의 친척 언니라는 그 중개사도 참여했다. 자신이 중개 보수료를 받는 입장은 아니었지만 지인의 계약에 도움을 주고자 참석한 것이었다. 그 친척 언니는 계약서 작성 현장에서 하나라도 더 매도인에게 유리할 만한 조건을 만들어주겠다는 듯 다양한 요구를 하기 시작했다. 최후 변론을 하기 위해 법정에 나온 변호사처럼 치열함이 엿보였다. 나는 중요하지 않은 몇 가지는 양보하고 매도인이 요청한 계약 조건 변경으로 인해 만의 하나 발생될 사건을 계산하여 우리 매수인이 반드시 챙겨야 할 안전 장치를 챙겨 특약에 기재되도록 했다.

하지만 공동 중개를 해본 사람이라면 알 것이다. 공동 중개를 하는 상대방 측 부동산에서 절대 상대편에게 유리한 특약을 순순히 써줄 리 만무하다. 이를 잘 알았기에 내가 원하는 특약이 기재될 수 있도록 설계했고, 아주 당연하게 내가 생각한 안전 장치를 모두 완료한 뒤 계약 작성이 마무리 됐다. 매도인 측 중개사는 일반적이지 않은 매도인의 변경 요구에 매수인 측을 설득시켜 매도인이 원하는 대로 계약이 진행될 수 있도록 도왔다. 그렇게 계약이 순조롭게 마무리 되는 듯 했다.

그러나 중도금 날짜가 되자 내가 예견했던 만의 하나의 사건이 발생되었다. 계약 시점만 해도 절대 발생하지 않을 것 같아 아무도 챙길 생각을 못했던 그 일이 현실로 나타난 것이었다. 매도인은 매도인 측 중개사를 찾아가 소리를 지르고 난동에 가까운 소란을 피웠다. 매도인 측에서 친척 언니인 중개사까지 대동해도 계산하지 못했던 사건으로 인한 손해가 현실이 되자 자신의 손해를 최소화하기 위해 책임을 전가할 사람이 필요했고 그 타겟이 매도인 측 부동산이 된 것이었다. 매도인이 자신의 손해를 최소화하기 위해 매매계약서를 가지고 온갖 법률 사무실을 다 찾아다녔지만 결론은 만의 하나로 발생된 이 사건에서 이 매매계약서는 전적으로 매수인에게 매우 유리한 계약이라는 답변을 받았기 때문이었다.

중개사가 매도인에게 고스란히 당하고 있는 모습을 보니 안쓰러웠다. 계약서 작성을 매도인 측 중개사가 한 것은 맞지만, 매도인 자신이 주변 지인의 말을 전적으로 신뢰해 변경한 조건이었고, 계약서를 작성하면서도 매도인들이 요구한 조건을 대부분 수용하며 특약으로 작성해 준 계약이었다. 그 공동 중개 중개사는 모든 과정에 전적으로 매도인의 편에서 계약을 진행한 사람이었기에 매도인에게 고스란히 당하는 모습은 동종 업종에 있는 사람으로서 화가 났다. 매도인 측 중개사가 원하는 몇 가지 도움에 응하려고 했지만 그 상황을 면하도록 도우면 그 다음은 매수인에게 불리한 정황이 만들어지기에 도울 수도 없었다.

실무용 법률이 읽어지면 행동과 특약 작성 판단력이 빨라진다. 끝내 공동 중개 중개사는 스트레스로 인해 앰뷸런스에 실려가는 상황까지 마주했다. 지인을 돕고자 무보수로 자신의 시간을 투자하며 계약을 도운 그 친척 언니라는 사람은 결국 매도인에게 모진 말을 들으며 자신이 대출받아 돈을 빌려줬다고 한다. 친척 언니는 자신의 짧은 지식으로 매도인은 위험한 상황에 처하게 했고, 중개사가 잘못없이, 온갖 스트레스로 앰뷸런스에 실려가는 상황을 만들었다.

그럼에도 불구하고 자신의 무지로 인한 잘못은 인지하지 못한 채 나에게까지 전화해 말도 안되는 요구를 했다. 공동 중개 중개사가 당한 모습에 화가 나 있던 터라 말도 안되는 요구를 해오는 매도인의 친척 언니에게 정신차릴 수 있는 말을 해주고 싶었다. 하지만 자신이 얼마나 큰 무지를 저질렀는지 인지조차 못하는 사람인데 내가 던지는 한마디로 너무 빨리 무지의 지옥에서 탈출하는 영광을 누릴까 염려되어 그만두었다. 언젠간 이 사람이 자신의 무지로 발생된 이 일에 진심으로 책임을 느끼고 그 공동 중개 중개사에게 사과하는 날이 왔으면 좋겠다.

실무용 법률이란 이런 것이다. 만의 하나의 상황을 계산해 내 고객을 지키고 나를 지켜낼 수 있는 힘이다. 이 매도인 친척 언니의 지식은 시험용 법률에 한정되어 있다보니 계약 현장에서 외운 법률 특약을 요청하기에 급급했고 그로 인해 이와 같은 상황을 만들어낸 것이다. 공인중개사가 동네 구멍가게라는 수준 낮은 자격증 이미지를 벗어나기 위해서라도 공인중개사에게 실무용 법률의 도입은 시급하다. 당신의 중개 법률 레벨은 어느 수준인지 미션을 통해 체크해보자.

손해배상금 5,000만 원을 0원으로 설계하다

중개를 완료하고 150만 원의 중개보수료를 받았는데 5,000만 원을 물어내야 한다면 당신은 이 일을 어떻게 해결하겠는가?! 하루는 NSR컨설팅을 수료한 수강생 M씨에게서 SOS 요청이 왔다. 매출도 곧잘 내고 무엇보다 순발력이 좋은 수강생이라 별 걱정을 안 했다. 그런데 정말 목소리가 다 죽어가는 듯했다.

연락한 이유를 묻자 M씨는 이런 말을 했다.

"5,000만 원을 물어주기 전에 마지막 지푸라기라도 잡아보겠다는 심정으로 연락드렸습니다. 이미 변호사한테까지 가서 상담받고 다 알아봤는데 어쩔 수가 없네요."

5,000만 원을 벌어도 모자랄 판에 물어준다니. 그것도 좋은 성과를 낸 수강생 아니었던가. 돈을 많이 벌더니 5,000만 원이 별 게 아닌 것이 된 건가. 별 생각이 다 들었다. 일단 무슨 일인지 자세히 설명해 달라고 했다.

1. 수강생이 전달한 사건의 전말은 이러했다.

임차인이 원하는 조건에 맞는 매물을 중개하고 계약을 완료했다. 잔금일까지 양 당사자에게 이득이 되는 최상의 조건으로 계약을 완료한 뒤 중개보수료도 잘 받고 마무리를 했다고 한다. 그런데 잔금을 치른 뒤 임차인의 인테리어 공사가 끝나갈 즈음 임차인과 임대인은 계약 물건지로 M씨를 불러 코너에 몰아놓고 언성을 높였다. 그리곤 중개를 잘못해서 일어난 일이니 사인하라며 5,000만 원 지급 각서를 내밀었다고 한다. 임차인의 인테리어 원상 복구 비용, 그간 임차인의 시간적·물질적 피해 보상, 임대인의 공실로 인한 손해배상금까지 포함한 금액이라는 것이었다. 다행히 서명은 안 했지만 통화하는 과정에 자신이 잘못했다고 시인하는 실수를 했다는 것이다.

순간 나는 내 귀를 의심했다. 코너에 몰아놓고 협박하다니…….
1980년대 사채업자들도 아니고 이게 뭔 일인가 싶었다. 이런 상황이 되자 M씨는 자신이 해결해보려 백방으로 뛰어다니며 알아봤다고 한다. 협회에도 문의하고 변호사에게도 상담받았다. 그렇게 한 달이라는 긴 시간 동안 속앓이를 했다는 것이다. 소송은 피하고 싶다고 했다. 결정적으로 임대인이 M씨에게 이런 말을 했다고 한다.

"젊은이! 이 일 크게 벌이면 이 좁은 지역에서 중개할 수 없어. 빨리 좋게 해결해!"

이렇게 협박 아닌 협박을 매일같이 하고 있었던 것이다. 심리적으로 위축된 상태에서 생각하니 이 사건으로 소송을 진행하다 패소라도 하면 정말 그 동네에서 중개업을 할 수 없을 것만 같았다. 그래서 그냥 5,000만 원을 물어내야 한다고 판단해 대출까지 알아봤다. 한 달을 고생하다 잘못한 것 하나 없이 돈을 주려니 너무 억울해 마지막 지푸라기라도 잡겠다는 생각에 나에게 연락한 것이다.

솔직히 말하면 나에게 혼날까봐 전화를 못하고 마지막에 연락한 것이라고 했다. M씨는 이와 같은 사건을 내가 어떻게 해결했는지 NSR컨설팅에서 수도 없이 다양한 사례로 접했다. 이 사건도 해결이 가능할 것이라는 막연한 확신은 있는데 해결이 안되니 이걸 나에게 물어보면 혼날 것이 뻔했다는 것이다. 그리고 무엇보다 바쁜 나에게 자신의 일로 부담주기 미안했다는 것이다. 그래서 스스로 해결해 보려고 노력하다 안돼서 연락을 한 것이었다.

우리 직원들 사건을 해결할 때처럼 이 사건도 나에게는 이미 극단적인 상황이 되고 나서 문의가 온 것이었다. 나는 또 격한 상황을 단숨에 풀어낼 설계를 해야 했다. 일단 상황을 제대로 파악하기 위해 모든 정황과 자료를 전달받았다. 계약 시부터 5,000만 원을 물어내라고 한 시점까지의 모든 내용을 날카롭게 분석했다. 전체 상황을 정리해보니 내가 이 사건을 발생 즉시 알았다면 그냥 몇 마디로 정리할 수 있었을 것이다. NSR 4단계의 중개사용 고급 법률을 숙지하면 이런 사건은 발생 즉시 해결할 수 있다. 그러나 M씨의 경우처럼 항상 극단적인 상황이 되어야 나에게 넘어온다.

NSR컨설팅에서 2단계 중개 원리와 4단계 중개사용 고급 법률을 숙지했기에 M씨도 시간이 조금 더 여유로웠다면 충분히 해결할 수 있었던 사건이었다. 그러나 다른 계약들로 인해 심리적, 시간적 여유가 없었던 것이다. 사건 해결 설계를 하고 NSR 중개사용 고급 법률 형식에 맞춰 설명해 줬다. 그러자 M씨는 드디어 해결하겠구나 하는 안도의 한숨을 내쉬었다.

사람이 알아도 시간적 정신적 여유가 없으면 올바른 판단과 행동을 할 수 없다. 이럴 때는 반드시 자신이 제대로 된 생각과 판단을 하고 있는지 의견을 소통할 사람이 필요하다. M씨가 나에게 연락하기 어려웠다면 NSR컨설팅 수료생들과 이 사건을 논의했어야 했다. 그럴 시간적 여유만 있었어도 이런 상황까지 오지 않았을 텐데······ M씨는 동네 공인중개사들과 유난히 친분이 많았다. 여기서 이렇게 배웠어도 주변에 하위 99% 방식의 중개사와 친해지면 자신도 모르는 사이 이 원리를 까먹고 하위 99%의 방식을 따른다. M씨도 그런 상황이었다.

2. 자료를 넘겨받아 내가 파악한 사건의 전말은 이랬다.

임차인은 인테리어 공사가 끝나갈 즈음 이 수강생에게 연락했다. 그러곤 다짜고짜 계약 합의 내용과 달리 민원이 들어와도 방음벽 설치 의무는 없는 것으로 계약 조건을 계약서에 기재해 달라고 했다. 문화센터에서 진행하는 주부노래교실 형태로 노래 교실을 위해 임대했기에 입주 시 방음벽 설치는 의무가 아니었지만 민원 발생 시 방음벽을 설치하는 조건을 구두로 합의하고 계약을 체결한 것이었다. 임차인의 변경 요청에 M씨는 계약 내용의 변경은 임대인의 동의가 있어야 가능하니 동의 여부를 물어보고 연락하기로 했다. 그러나 임대인이 변경된 조항에 동의할 리 만무했다.

임대인의 의견을 전달하자 갑자기 임차인은 돌변했다. 그리곤 자신에게 유리할 녹취라도 만들어보려는 듯이 M씨가 하지도 않은 말을 하지 않았느냐며 답하라고 다그치기 시작했다. 자신이 서울대 법대를 졸업했다는 이상한 말도 하면서 말이다. 잔금을 완료한 지 3개월이 다 되어가는 시점이었고 M씨는 당시 여러 건의 계약을 동시에 진행하다 보니 기억이 나지 않았다. 대답을 제대로 못하고 기억을 더듬으며 생각을 좀 해보겠다고 하자 그 고객은 막무가내식으로 죄인 취급하듯 말하며 억지로 대답을 받아냈다. 자신이 잘못한 것일 수도 있다는 생각에 빨리 상황을 정리해야겠다고 생각하고 일단 사과를 한 것이다.

그리고 며칠 뒤 임대인과 임차인은 매물 현장에서 셋이 같이 만나자고 했다. M씨가 약속 장소에 도착하자 갑자기 임대인과 임차인 둘은 한 팀이 되어 M씨에게 당장 이 노래 교실을 원상 복구해야 하니 임차인의 손해배상과 원상 복구 비용, 임대인의 손해까지 합한 금액 5,000만 원을 물어내라고 다그치기 시작했다.

임차인은 계약 당시 문화센터에서 운영하는 주부노래교실을 운영한다고 했으나 인테리어가 끝나고 방문한 현장에는 사방이 검은색으로 칠해져 있었다. 앰프를 여러 대 세워놓고 음향 시설이 되어 있었다. 빨갛고 노랗고 파란 갖가지 색상의 현란한 불빛이 반짝이는 미러볼까지 천장에 설치했다. 임차인은 계약 당시와 달리 콜라텍도 운영하겠다고 했다. 소음 발생으로 인한 민원 제기될 것이 100% 현실화되자 임대인도 민원으로 시달리기가 싫었던 것이다.

그러면 민원 소지가 없도록 임차인이 구두로 합의한 바와 같이 방음벽을 설치하도록 하면 될 것인데 왜 갑자기 선량한 중개사를 죄인으로 만들어 5,000만 원이라는 거금을 뜯어내려고 했는지 이해가 가지 않았다. 정상적인 상황이 아니었다. 이런 비정상적인 상황의 이유를 묻자 임대인과 임차인의 자녀들끼리 같은 반 친구였다고 했다. 그 사실을 계약을 완료한 후 알게 되었고, 그것을 알게 되자 서로는 앞으로도 볼 사이라고 생각해 얼굴 붉히지 않으려고 둘이 짜고 M씨에게 소위 '삥'을 뜯으려 한 것이었다. 임차인이 방음벽을 설치할 경우 공사 견적은 2,000만 원이라고 했다. 결국 임차인은 2,000만 원을 지불하기 싫어 M씨에게 5,000만 원을 뜯어내려고 한 것이었다.

사건의 전말을 파악하고 나니 말문이 막혔다. 그간 우리 직원들을 괴롭힌 고객들은 꼴랑 중개보수료 정도 떼어먹을 잔머리를 굴린 건데 이 고객들은 칼만 안 들었지 강도나 다름없었다. 이런 수준 이하의 사람들 때문에 한 달이나 시간 뺏기며 맘고생으로 힘들었을 M씨를 생각하니 참 안타까웠다.

상황을 파악하고 바로 이 사건을 해결할 설계를 했다. 그리곤 순서대로 M씨에게 방법을 알려줬다. M씨는 내가 내주는 미션을 하나하나 잘해나갔다. 그러자 5,000만 원을 곧 받겠구나 했던 임대인과 임차인은 갑자기 바뀐 태세 전환에 당황해하며 소리를 지르고 난리를 한바탕 피웠다. 그러나 결국 상황이 역전되어 기운이 M씨에게 넘어왔다. 사건은 이틀 만에 종료되었다.

나는 한달 동안 이 일로 시달리며 피폐해졌을 M씨의 정신을 다시 계약 현장으로 끌고왔다. 사건의 해결도 중요하지만 이런 사건에 정신을 쏟다 보면 결국 매출은 곤두박질치게 된다. 이 사건을 끊어내니 바로 M씨는 그달 최고 매출을 찍었다.

M씨처럼 중개업을 잘해도 정신이 온전하지 못한 고객을 만나기도 한다. 이럴 때 시험용 법률 수준에 머물러 있다면 분명 소송으로 진행하거나 돈을 물어주는 전개로 가게 된다. 현명한 판단을 할 수 있는 중개사용 고급 법률로 무장하라. 당신의 정신과 재산을 지키게 될 것이다.

[NSR 4단계 미션]
중개사용 고급 법률 응용 능력 테스트

위 '중개사용 고급 법률의 사건 해결 활용' 사례를 읽고 어떤 생각이 들었는가? NSR 4단계 미션은 아래 문제를 풀어보는 것이다. 과정은 이 책에서 공개하지 않았지만 성공적으로 해결된 결론을 알기 때문에 과정을 추론하며 미션을 수행한다면 '시험용 법률'에서 벗어나 '실무용 법률'에 한 단계 다가설 수 있다.

1-1. 이 사례를 보면 1번은 M씨가 나에게 전달한 내용이고 2번은 내가 자료를 넘겨받아 사건을 파악한 내용이다. 내가 분석하기 전 M씨는 왜 물어내야 한다고 결론을 내렸을까?

<오늘>

1-2. <3개월 후>

1-3. <6개월 후>

2-1. 표면적으로 보면 시험용 법률로는 중개사가 물어줄 일이 아니다. 하지만 변호사와 지인들에게 자문을 구한 후 5,000만 원을 물어줘야 한다는 결론을 내렸다. 왜 돈을 줘야 한다는 결론을 내렸을까?

<오늘>

2-2. <3개월 후>

2-3. <6개월 후>

3-1. NSR 4단계 중개사용 고급 법률 즉 실무용 법률로 어떻게 이 사건을 이틀 만에 해결했을까? 본인이라면 어떤 솔루션을 제공했을지 써보라.

<오늘>

3-2. <3개월 후>

3-3. <6개월 후>

Chapter6.

NSR 5단계
중개 스피치

중개 스피치란?

중개 스피치란 중개사로서 고객과 대화하는 화법을 말한다. 이 화법을 제대로 숙지하면 아무리 **초보라도 고객이 전문가로 느낄 수 있을 정도의 안정감을 줄 수 있다.** 아무리 초보라도 고객과의 대화가 편하게 느껴진다. **고객은 하위 99%의 중개사에게는 말하지 않는 자신의 진짜 니즈를 술술 이야기한다. 고객이 먼저 다른 중개사에게는 말하지 않는 자신의 진짜 니즈를 설명하니 열 번 스무 번의 미팅 없이 한두 개의 매물만으로 손쉽게 계약이 일어난다.** 계약을 진행하는 동안엔 몇 마디 화법을 사용해 중개 사고를 조기 차단할 수 있다. 중개 스피치란 이런 것이다.

이렇게 중요한 중개 스피치가 아쉽게도 시중 대부분 중개 실무 교육 과정에 없다. NSR컨설팅에서 최초이자 유일하게 진행하는 과목이다. 나는 오랜 시간 실무자들을 트레이닝하며 단시간에 매출을 올리고 사건 사고를 단칼에 해결하는 과정을 반복했기 때문에 만들 수 있던 과목이다. 판매 목적으로 만들어진 중개 실무 과정하고는 차원이 다를 수밖에 없다.

열 명의 직원과 중개업을 하면서 대부분 직원이 고객과의 소통을 어려워했다. 하루는 미팅은 많은데 계약이 안 나오는 직원이 고객과 통화를 하다 미팅 시간을 잡고 전화를 끊었다. 나는 이때다 싶어 그 직원에게 고객이 요청한 매물이 어떤 것인지 요점을 물었다. 직원이 나의 질문에 답을 했고, 그 즉시 나는 직원과 고객이 나눈 통화 내용 녹취본을 공개해달라고 했다. 직원은 부끄러워하면서도 자신의 말을 못 믿느냐고 투덜대다 마지못해 고객과 나눈 통화 내용을 스피커폰으로 틀었다. 당연히 사무실 내에 있던 다른 직원들도 함께 들었다.

그 녹음된 통화 내용을 함께 듣던 통화 당사자인 그 직원은 화들짝 놀랐다. 자신이 전화를 끊자마자 나에게 알려준 대화 내용의 80%가 거짓이었기 때문이다. 즉 고객이 의도한 바를 전혀 다르게 받아들였던 것이다. 긴장된 상태에서 받아들인 뜻과 편한 상태에서 파악한 고객의 의도는 전혀 달랐다. 함께 듣던 직원들도 다 같이 놀랐다.

그랬다. 이 직원은 고객의 의도를 제대로 파악하지 못한 채 수많은 매물을 써치하고 미팅을 했기에 열 번 스무 번의 미팅에도 계약이 일어나지 않았던 것이다. 이후 이 직원은 자신이 통화한 내용을 재청취하면서 고객의 니즈 파악에 노력했고 결국 매출이 급상승했다.

계약 자체가 어려워 폐업 직전에 NSR컨설팅을 찾아온 수강생이 단시간에 2,000만 원의 매출을 낼 수 있었던 것도, 그후 아파트 스무 건의 계약을 하고서도 별거 아니라고 쉽게 계약했다 말하게 된 것도 이 중개 스피치가 익숙해졌기에 가능한 일이었다. 이 단계만 제대로 숙지하면 NSR의 다른 단계가 미흡해도 계약 등의 성과로 쉽게 연결된다.

NSR컨설팅의 후기가 일반적인 사람들이 보기엔 너무 단시간에 초고속 결과를 내다보니 이 컨설팅을 모르는 사람들은 "알바 써서 가짜로 후기를 작성한 것이 아니냐"하는 질문을 하곤 한다. 심지어 이 후기들이 가짜이고 사기 아닌가 직접 두 눈으로 확인하겠다고 수강한 사람도 있었다. 하지만 이 NSR 5단계 중개 스피치 과목을 이해하고 나서는 이 후기가 진짜임을 인정한다. 왜냐면 의심을 듬뿍 안고 왔던 수강생의 동기 중에 실제 이 결과를 수없이 냈기 때문이다.

중개 스피치가 현장에서 초고속 결과를 낼 수밖에 없는 이유는 중개의 모든 영역은 말하기와 듣기 이 두 가지 과정으로 진행되고 있다는 증거이기도 하다. 말하기와 듣기 이것이 중개의 시작이고 마지

임대료를 주고 창업한다.

근사하게 간판을 달고 매장문을 열자 곧 손님이 들어왔다. 고객이 말을 걸었다. 바로 머릿속은 하얗게 변하고 순간 입은 얼어버렸다. 고객의 질문은 내가 아는 내용이었다. 어..어.. 알았는데.. 어.. 라고 더듬거리며 허우적댄다. 고객 표정이 순간 변했다. 자신을 전문성 없는 중개사로 생각하는 것이 아닌지 걱정이 된다. 이런 걱정까지 더해지니 더 긴장되고 결국 고객과 동문서답하기 시작한다. 고객은 몇 마디 나눠보더니 생각해본다고 말한 뒤 나간다. 고객이 문밖으로 나가자 긴장이 조금 풀린다. 고객이 질문한 답이 떠올랐다. 고객을 따라 나가보니 고객은 옆 부동산 사무실로 들어가고 있었다.

만약 이 하위 99% 공인중개사의 시작 루틴과 같았던 적이 있거나 아직도 이렇게 하고 있다면 당장 이 책을 덮고 다음 미션을 수행해라! NSR컨설팅의 중개 스피치 과정 중 하나의 커리큘럼인데 이 과정을 한번 해보는 것만으로도 당신의 매출이 세 배 상승할 수 있는 길이 보일 것이다.

내가 이 사람을 변화시킬 수 있다면……

하루는 남편 손에 이끌려 40대 초반의 가정주부 N씨가 수강을 신청했다. 컨설팅을 듣게 된 연유를 묻자 중개업 자체를 남편의 권유로 시작하고자 하는데 안전하게 배우고 시작하려고 찾아왔다는 것이었다. 이 컨설팅으로 고객의 재산과 본인을 지켜낼 수 있을지 잘 따라와 줄 수 있을지를 확인하고자 상담을 했다. 하고자 하는 의지는 남편 덕에 생긴 듯하였으나, 20대 후반에 결혼하고 줄곧 전업 주부로만 살아온 40대 N씨는 간단한 통화조차도 힘거워했다. 남편의 등쌀에 어쩔 수 없이 수강했지만 절대 중개업은 안할 거라며 나와 자신의 남편에게 엄포를 놓으며 수강신청서를 작성했다.

수강 전 여러 가지 테스트를 해보았다. 잘할 수 있는 포인트를 캐치할 수 있었기에 수강 신청을 받았다. N씨는 남편이 함께 참관해야만 수강하겠다고 하여 부부가 함께 수강했다. 남편은 이미 중개업에서 수천만 원의 매출을 내본 실력자였다. 남편은 N씨의 잠재 능력을 알아챈 것인지 중개업이 잘 맞을 것이라는 확신이 가득했다.

N씨에 대한 컨설팅이 시작됐다. 본질적인 컨설팅을 위해 개인 성

향 분석에 집중했다. N씨는 사람 만나는 것을 싫어하고 혼자 하는 취미 활동을 하거나 가족과 시간을 보내는 것을 좋아했다. 일반적인 아이 엄마들처럼 아이와 놀러가는 것, 가족과 맛있는 음식 해먹는 것이 주된 관심사였다. 재테크나 재산 증식에는 전혀 관심이 없는 성향이었다. 최소한 재테크나 재산 증식에는 관심이 있어야 수월한데 이를 어쩌나 하는 생각이 들었다.

N씨가 중개업에 관심을 가질 만한 주제로 컨설팅을 구상했다. 컨설팅 첫날이 되자 N씨는 자신이 왜 여기 있는지 모르겠다는 표정으로 쉬는 시간만 되면 남편에게 집에 가자고 보챘다. 2주차가 지나고 3주차가 되었다. 그러자 말도 없고 눈도 잘 못 마주치던 N씨가 손을 번쩍 들더니 남편보다 먼저 나와 발표를 했다. 과제를 얼마나 성실히 해왔는지 발표 시간도 꽤나 길었다. 결혼 후 남편의 사랑으로 살면서 돈 버는 것에 별다른 관심이 없던 사람이 드디어 돈이라는 것에 호기심이 생기는 듯했다.

NSR 5단계 중개 스피치 컨설팅 시간이 되면 통화를 녹음해오는 과제가 있다. 수강생들이 고객 또는 지인과 통화한 내용을 제출하는 것이다. 짧은 시간에 고객과 몇 마디 통화로 계약 여부와 중개 사고가 결정되기 때문에 공인중개사라면 필수적으로 거쳐야 하는 과목이다. 특히 N씨는 오랜 시간 자신을 표현하거나 제3자와의 대화할 일이 거의 없는 생활을 했기 때문에 컨설팅의 상당 시간을 중개 스피치에 할애했다.

제출한 음성 파일을 듣고 있자니 통화 상대역을 해주신 어머니에게 중개업을 하시는 게 어떻겠냐고 권하고 싶을 정도였다. N씨는 상대가 하는 말의 포인트를 잡지 못했다. 그러자 상대역을 해주신 어머니가 포인트를 몇 번이고 다시 짚어줬다. 하지만 들리지 않는다는 듯 엉뚱한 대답만 오고갔다.

나는 결심했다. 이분을 꼭 변화시키자. 내가 이분을 변화시킬 수 있다면 이 컨설팅으로 많은 사람을 도울 수 있을 것이라는 확신이 들었다. 매주 중개 스피치에 더 집중해서 컨설팅을 짰고 이분이 한 달 동안 할 말의 분량을 컨설팅하는 다섯 시간 동안 다 말하도록 했다.

5주차쯤 되자 나와서 발표하는 시간에 N씨는 한 시간 동안 자리에 안 들어가고 말을 하기 시작했다. 5주차쯤 되니 고객의 의도를 제대로 파악하고 솔루션을 제공하는 등 자연스러운 중개 스피치를 해

냈다. 자신도 놀랐는지 우쭐한 듯 어깨를 들썩이며 자리로 들어갔다.

종강일을 2주 앞두고 수강생의 성향에 맞는 카테고리와 전략을 컨설팅했다. N씨에게는 낯선 사람들과의 대화가 쉽지 않았지만 정말 큰 장점이 있었다. 그 장점을 잘 살리면 돈을 많이 벌 수 있겠다는 확신이 들었다. 그래서 나는 N씨에게 제안했다. 지식산업센터가 주를 이루는 곳으로 가서 사업체의 대표나 담당자들을 상대하는 중개를 하라고 컨설팅했다. 그리고 남들보다 더 잘될 수 있는 방법도 제시했다. 동네 소상공인을 상대하는 것보다는 스케일이 있는 파트가 맞는 분이었다. 누구보다 자신의 장점을 잘 살리는 업무를 이에 접목하면 시너지를 낼 수 있었다.

솔루션과 동시에 종강 전까지 취업하는 것을 과제로 냈다. 그러자 곧 지식산업센터로 가득한 지역을 선택해 바로 취업했다. N씨의 중개업은 종강 후 얼마 지나지 않아 시작되었다. 컨설팅 수강할 때 수업은 듣지만 중개업은 절대 안할 거라고 말하던 사람이 맞나 싶을 정도로 돈을 벌겠다는 욕망이 가득했다. 가정주부로 오랜 시간을 지내다 영업이라는 사회에 첫 발을 내딛는 것이었다. 젊어보이는 외모 덕인지 취업은 쉬웠다. 일을 시작했다는 이야기를 들은 지 얼마 되지 않아 연락이 왔다. 점심을 대접하고 싶다는 것이다. 일한 지 얼마 되지도 않았는데 무슨 돈이 있어 밥을 사려고 하느냐고 묻자 잔금을 받았다는 것이다.

N씨가 취업한 부동산 사무실엔 직원이 두 명 있었다. 분명 N씨는 중개를 처음 하는 초보였음에도 불구하고 입사하고 나니 대표와 직원들의 실력이 훤히 보였다고 한다. 3~4년의 경력을 가진 직원들이 위험하게 일하는 것을 바로 잡아주며 도움을 주자 경력자들이 오히려 N씨에게 모든 것을 물어보기 시작했다. 주변 사람들은 N씨를 의지하고 좋아했다. 그러자 자신감도 올라가고 계약이 자연스럽게 술술 체결되었고, 보수료는 회사와 5:5 비율로 입사했지만 단기간에 8:2까지 올라갔다.

맛있는 점심을 대접해주며 N씨는 말했다. 컨설팅을 듣기 전에 남편 등쌀에 동네 중개 사무실에 출근했었다고 한다. 그곳에서는 천덕꾸러기 대우를 받으며 중개업이란 자신하고는 안 맞는 직업이라고 생각했다는 것이다. 그래서 수강신청서를 작성하면서도 절대 중개업은 안할 것이란 말을 했던 것이다.

그런데 NSR컨설팅 8주만에 경력자로 인정받으면서 계약도 술술하다 보니 자신이 전생에 이 직업을 했었나 싶은 생각이 들 정도로 잘 맞는다고 한다. 이런 변화된 자신을 보고 놀라웠고 이 변화에 도움을 준 나에게 식사를 꼭 대접하고 싶었다는 것이다. N씨는 그 후로도 수천만 원의 매출을 수시로 냈다. 내가 N씨를 변화시켰다는 것에 나 스스로를 자랑스럽게 여긴 컨설팅이었다.

제발 우리 사무실에 들어오지 마세요

한 수강생 O씨가 말했다.

"고객이 사무실 앞에 있으면 심장이 두근두근거려요. 제발 우리 사무실에 들어오지 말라고 기도를 하고 있습니다."

O씨는 50대 후반의 가정주부였다. 30여 년을 주부로 살다가 남편 퇴직 후 남편과 함께 부동산 사무실을 오픈한 것이었다. 남편이 사회

생활도 오래 했고 아무나 오를 수 없는 고위 직책을 역임한 후 퇴직했기에 든든한 남편을 믿고 창업을 한 것이었다.

그러나 오픈 후 8개월간 매출은 거의 나지 않았다. 어쩌다 계약을 할 수 있겠다 싶으면 남편은 위험하다며 계약을 막아섰다. 조금만 위험해 보여도 남편이 두발 벗고 나서서 계약을 못하게 했다. 어쩌다 계약 한 건을 하면 고객은 예민하고 까칠하게 굴었다. 고객의 다양한 트집에 중개보수료 받기도 어려웠다.

O씨는 알뜰살뜰 재테크로 서울에 건물을 소유한 자산가였다. 거기다 고위직 남편 덕에 누구에게 기죽을 일이 없는 한평생을 살았다. 그런데 중개업을 시작하니 매달 임대료 걱정에 고객의 갑질과 횡포로 극단의 스트레스에 휘말렸다. 계약 한 건 하기도 어려운데 어쩌다 한 계약의 고객은 중개보수료도 안 주려고 말도 안되는 생떼 쓰는 상황을 겪다 보니 중개업이 싫어졌다. 금슬 좋던 부부는 스트레스로 싸움이 잦았다. 이렇게는 안 되겠다는 생각이 들었다고 한다. 돌파구를 찾아야 한다며 유튜브를 뒤진 끝에 NSR컨설팅을 찾아온 것이었다. 여기서도 해결을 할 수 없다면 폐업을 하겠노라며 굳은 결심은 비장했다.

내가 NSR컨설팅을 시작하자 첫 시간 수강생들의 표정은 두 부류로 나뉘었다. '당신이 얼마나 대단한지 한번 보자. 도움이 되지 않는다면 가만있지 않겠다'라는 비장한 표정의 부류와 '나는 당신의 팬입니다'라는 하트 눈빛을 보내주는 부류이다. 이 수강생의 첫 표정은 전자에 가까웠다. 그도 그럴 것이 너무 힘든 시기를 겪다 온 것이었기에 이해가 되었다. 그러나 첫날 컨설팅이 끝날 즈음 내게 이런 말을 건넸다.

"정말 잘 찾아온 것 같아요. 감사합니다."

그렇게 시작된 컨설팅이 5주차나 되었을까? 계약을 했다며 나와서 후기를 발표하기 시작했다. 중개를 하는 지역이 원·투룸 단지였다. 원·투룸 계약도 어려워하던 사람이 떡하니 상가를 계약해왔다. 그것도 계약날 바로 양쪽 중개보수료를 최고요율로 잘 받고, 고객은 전문가를 만난 것 같다며 중개를 잘 해줘서 고맙다는 말을 건넸다고 한다.

좋은 결과를 내며 시간이 갈수록 과제를 더욱 열심히 했다. 질문을 열심히 하면서 참여도가 매우 높았다. 질문의 내용은 매우 날카로웠다. 컨설팅이 끝난 후가 더 기대되는 분이었다. 컨설팅이 끝나고 일 년이나 지났을 때 소식을 전해왔다. 200만 원도 안되는 월세를 매번 자신의 돈으로 내며 속상했는데 이제는 유지비 걱정은커녕 월 매출 800만 원 이상을 찍는다고 했다. 그리곤 현재 일하는 동네가 자신의 스케일이 맞지 않는다고 판단해 더 큰 금액을 벌 수 있는 지역으로 이전을 준비하고 있다는 말도 함께 말이다.

처음 NSR컨설팅에 왔을 때만 해도 의기소침했던 말투와 목소리는 천하를 호령할 듯한 표정과 목소리로 변해 있었다. O씨는 누구보다 공부하려는 열의가 대단했다. 그전에도 공부를 참 많이 했지만 중개업에서 인정받을 수 없는 교육들로 공부를 하면 할수록 실무가 더 어려웠던 것이다. 종강일이 되자 O씨가 이런 말을 했다.

"계약을 성공적으로 완료하고 돌아서니 남편이 엄지를 치켜세우며 따봉이라고 칭찬을 해줬어요."

이 말을 하는 O씨의 눈에는 눈물이 그렁그렁 금방이라도 떨어질 것 같았다. O씨의 남편은 위에서도 말한 바와 같이 매우 보수적으로 일을 처리하는 사람이었다. 그런데 O씨가 신뢰할 만큼 안전하게 진행하는 모습을 보고 칭찬한 것이었다. 그동안 맘고생을 많이 한 O씨는 남편으로부터 신뢰와 칭찬이 고수익의 매출보다 훨씬 더 값졌을 것이다. O씨 역시 NSR 전 단계의 상호 작용이 있었겠지만 매출이 단시간에 날 수 있었던 가장 큰 포인트는 NSR 5단계 중개 스피치에 있었다. 고객을 마주하면 머리가 하얘지고 입이 얼었다. 고객과 중개 소통이 원활하지 않으니 중개보수료로 맘고생도 컸다. 고객과 마주하는 말투와 대화를 리드하는 포인트, 화법이 자리잡히니 이제는 문밖에 사람만 보이면 나가서 모시고 들어온다고 한다.

사용할 수 없는 이론을 많이 공부하면 두려움이 커진다. 뇌에서 생각하고 판단하는 기준이 바뀌어야 입에서 나가는 멘트가 달라질 수 있다. 그런데 내가 중개 스피치라는 커리큘럼을 공개하자 한 중개 실무 교육 기관에서 스피치 강좌를 내놓았다. 그것도 중개업의 기본을 아예 모르는 일반 스피치 강사를 섭외해서 말이다.

중개의 뿌리기둥 즉 원리를 숙지하지 못한 상태의 스피치는 대다

수가 하고 있는 고객의 심부름꾼 역할을 더 충실히 하게 하는 격이다. 혹시라도 우리 컨설팅의 중개 스피치 과정을 보고 일반인이 하는 스피치 과정을 들어야겠다는 생각이 든다면 당장 생각을 멈춰라. 일반인이 진행하는 스피치 과정을 듣는 순간 당신은 고객의 을 중의 을이 되어 현재 하위 99%의 중개 영역에 간히게 될 것이다.

중개 스피치를 배워야겠다고 생각이 들지만 NSR컨설팅을 수강할 수 없는 사람을 위해 [NSR 5단계 미션]으로 소통 레벨 테스트를 준비했다. 이 미션을 몇 번 반복하라.

아파트 매매 스무 건 계약 별 거 아니에요

NSR컨설팅 첫날 한 수강생 P씨가 늦게 들어왔다. 그날도 업무가 바빴던 것인지 무엇인가 쫓기듯 불안해 보였다. 표정도 어두웠다. 무슨 사연일까 궁금했다. 컨설팅 첫 시간이 지나고 두 번째, 세 번째 시간이 지날수록 불안해 보이는 표정은 없어졌다. 컨설팅 3주차 오프라인 시간이 되어 다시 만났다. 표정이 편해지고 다른 수강생들과 이야기를 나누는 모습도 보였다.

사정을 들어보니 컨설팅에 찾아올 당시 P씨의 상황은 이랬다. 중개업을 잘 해보겠다는 결심으로 나름 가성비가 좋다고 판단한 중개 실무 교육을 듣고 창업한 지 2개월차였다. 중개 실무 학원에서 알려주는 대로 좋은 목을 가진 위치에 회원 업소 부동산을 인수하여 창업했다. 억대 권리금에 200만 원이 넘는 임대료를 내는 사무실이었다. 권리금과 임대료가 매우 부담되었지만 양도자의 매출이 상당히 높았다는 말에 혹해 대출까지 받아 계약한 것이었다.

P씨는 심리적 부담이 매우 커 아침 일찍 출근해 새벽 한 시에 퇴근하며 중개업에 올인했다고 한다. 그러나 기대한 매출과는 달리 월세도 내기 어려운 상황이 계속되었다. P씨가 상담한 고객은 생각해본다고 사무실을 나가서는 옆 부동산으로 들어갔다. 고객이 원하는 것을 겨우겨우 맞춰주며 어쩌다 계약 한 건을 체결하면 중개 사고로 이어질까 불안해 발 뻗고 잠을 이룰 수 없었다. 유난히 예민하고 까다로운 고객만 만나는 것 같아 힘든 시간을 보내다 지푸라기라도 잡겠다는 심정으로 NSR컨설팅에 찾아온 것이다.

경제적으로 매우 어려운 상황에 또 한 번 빚을 내어 NSR컨설팅을 찾아온 것이었기에 여기서 그 힘든 상황을 돌파해낼 답을 찾지 못한다면 큰일이었다. 그랬다. 첫날 수강생 P씨는 벼랑 끝에 매달린 상태에서 찾아와 표정이 어두웠던 것이다. 컨설팅 횟수가 지날수록 P씨의 표정은 매우 밝아졌다.

P씨의 성향과 업무 방식을 분석해보았다. 특이하게도 P씨는 아무나 갖지 못하는 인복이 넘치는 유형이었다. 그런데도 사람 때문에 힘들어 하고 있었다. 그렇다면 중개 스피치가 전혀 안 되고 있다는 뜻이었다.

원인을 파악하고 P씨에 맞는 컨설팅을 집중적으로 해나갔다. 그러자 컨설팅 시간 내내 질문도 많아지고 적극적으로 참여하기 시작했다. 밤을 새워서 과제를 해왔다. 컨설팅 중 다른 사람들 앞에 나와 발표하는 시간에는 30분이 넘게 발표하는 등 대화가 어렵던 사람이 말을 잘하기 시작했다.

그렇게 5주차가 되자 아파트도 어려워 하던 사람이 덜컥 컨설팅료를 받는 상가 매매를 계약해왔다. 그리곤 연달아 아파트 계약을 했다.

그렇게 종강일이 되자 총 2,000만 원이 넘는 매출을 냈다. NSR컨설팅에 오기 전과 비교하면 말 그대로 8주만에 대박을 친 것이다. 기운이 바뀌었다. 총 2,000만 원의 매출을 냈지만 종강일까지 잔금이 없어 돈이 없었을 텐데도 불구하고 한 손에 잡기도 어려울 정도로 큰 복숭아와 현금 30만 원을 선물로 건네며 감사하다는 말을 남겼다.

그리곤 얼마 지나지 않아 또 소식을 전해왔다. **그 후로 아파트 매매 계약을 스무 건 체결했다고 한다. 그런데 왜 이제야 소식을 전하느냐 물으니 너무 쉽게 한 계약이라 별 거 아니라고 생각했다는 것이다. NSR 수료한 다른 사장님들처럼 어려운 기술이나 대단한 노력을 하지 않고 쉽게 쓴 계약서라 후기를 올리기에도 부끄러워 작성하지 못했다며 조심스럽게 소식을 전해주었다.**

그렇게 중개 스피치가 되니 그 어려워하던 계약이 별 게 아닌 상태가 되었다. 고객과의 대화를 어려워 하던 예전의 P씨는 고객들이 사사건건 트집 잡고 힘들게 했는데 지금은 고객이 먼저 감사하다는 말도 해주고 중개보수료도 잘 받게 되었다. P씨가 오랜 시간 심적·물질적으로 고통을 겪었을 것을 생각하면 벼랑 끝에 매달리기 전에 찾아왔다면 더 좋았으련만 하는 생각이 든다. 하지만 아쉽게도 NSR컨설팅에는 벼랑 끝에서 찾아오는 수강생이 많다.

[NSR 5단계 미션]
소통 레벨 테스트

NSR컨설팅은 현장 경험이 있는 경력자들을 주 대상으로 커리큘럼화된 과정이므로 단 한 달이라도 현장을 경험한 후 NSR 미션을 수행하는 것이 효과적이다.

문항 중 일부는 오늘 답을 쓴 후, 3개월 후, 6개월 후 다시 답을 쓰고 자신의 생각이 어떻게 바뀌었는지 살펴보자.

1. 고객과 통화한 내용을 스피커폰으로 듣는다.

2. 자신의 목소리를 스피커폰으로 처음 듣는다면 소름과 함께 민망함이 밀려들 것이다. 그래도 절대 끄지 않고 끝까지 듣는다.

3. 고객이 나에게 요청한 니즈를 노트에 적으며 정리해 본다.

4. 본인이 고객과 통화하면서 인지한 고객의 니즈를 스피커폰으로 다시 들으며 노트에 쓴 고객의 니즈와 같은지 체크한다.

5. 만약 같다고 생각하면 가장 친한 지인에게 이 통화 내용을 다시 한 번 들려주며 피드백을 받아라.

6. 아마 그 피드백을 해주는 사람이 배우자라면 신랄하게 비판받아 부부싸움으로 번지거나 칭찬을 받거나 이 두 가지로 나뉠 것이다.

7. 만약 이 과정에서 부부싸움을 하게 됐다면 축하한다. 부부싸움으로 번졌다는 것은 당장은 기분이 나빠 분쟁이 되었지만 그 분쟁은 당신이 이 NSR컨설팅을 수강하지 않고도 초고속으로 실력을 상승시킬 수 있는 기폭제가 될 것이다. 계약으로 연결한 건이나 계약이 될 것 같았는데 아쉽게 놓쳤다고 생각하는 과정이라면 이 테스트를 수시로 반복해서 해보라. 어느 순간 계약이 안된 이유가 파악되면 계약성사율이 급격하게 높아질 것이다.

Chapter7.

NSR 6단계
부동산 매물 전문성 장착

상위 1% 공인중개사의 매물 전문성이란?

중개사로서 고수입의 프리미엄을 만들어내고 싶다면 바로 이 NSR 6단계 매물 전문성에 답이 있다고 해도 과언이 아니다. NSR 6단계 매물 전문성이란 고객보다 매물의 제대로 된 값어치를 판단할 수 있는 능력을 말한다. 상위 1%의 고수입으로 가기 위해서는 반드시 장착해야 하는 전문성이지만 현재 시판되고 있는 대부분의 중개 실무 학원에는 이 과목 역시 없다. 대부분 중개사를 고객에게 매물을 소개해주는 소개자쯤으로 생각하는 구식 커리큘럼에 머물러 중개 사고에 집중한 법률이나 과거 지표인 상권 분석 등의 교육에만 집중하고 있다. 그러다 보니 더욱 더 이 매물 전문성 영역은 상위 1% 공인중개사에게 블루오션으로 남아 있다.

매물 전문성이 무엇인지를 설명하겠다. 간단히 말하면 매물 전문성이 없다면 내가 가지고 있는 매물이 모두 나빠 보인다. 계약할 만한 매물이 하나도 없다는 생각이 든다. 내가 강남에서 열 명의 중개사와 중개 법인을 운영할 때 계약 하나 못하던 직원들이나 매출이 적은 친분 있는 공인중개사들은 이런 말을 달고 살았다.

"공실클럽(서울 시내 중개사와 매도인, 임대인 간 중개 의뢰 사이트)에는 계약할 만한 좋은 물건이 하나도 없어요. 좋은 매물 따는 법을 알려주세요. 어떻게 그렇게 쉽게 계약을 하나요?"

하지만 **내가 강남에서 한 계약이나 억대 연봉 직원들의 계약은 모두 공실클럽에 있는 매물로 일어났다. 심지어 지금 수원에서는 남들이 쳐다보지도 않는 오래된 공실 상가나 몇 년간 매매가 안 되어 악성 매물로 분리된 매물을 가지고 큰 금액의 중개보수료를 벌었다.** 하위 99%의 공인중개사들은 좋은 매물이 있어야 계약할 수 있다고 생각한다. 하지만 사실 상위 1%의 고수들도 대부분 하수들이 가지고 있는 같은 매물 중에서 계약을 한다. 단지 이 매물 전문성이 높아 남들이 안 쳐다보는 매물 중 황금알을 낳는 매물을 파악하고 발 빠르게 계약으로 연결하는 것이다. 또는 현재는 계약이 힘든 매물의 가치를 제대로 파악하여 계약할 수 있도록 손을 쓰기 때문에 계약률이 높아지는 것이다.

나는 최근 매물로 나와 있지도 않은 매물로 계약을 했다. 몇 통의 전화를 하고 내 통장엔 수천여만 원이 입금됐다. 이 매물 전문성이

높으면 나와 있지 않은 매물을 받아서 바로 계약으로 연결하는 영역
도 가능해진다. 일단 **매물 전문성을 장착하고 있다면 남들이 별로
라고 생각하여 거들떠보지도 않는 매물 중 황금알을 낳는 매물을
선별할 수 있다.** 이런 매물은 계약하고 두 달만 지나면 없어서 못 파
는 매물이 된다. 매물 전문성이 없는 보통 사람들은 계약이 된 후에
서야 그 매물의 진가를 알게 되는 것이다. 남들은 이런 걸 선견지명
이 있다고 말하기도 한다.

이런 황금알을 낳는 매물을 알아보게 되면 계약할 수 있는 범위
가 훨씬 넓어진다. 그리고 계약할 당시 남들에게 인기 없는 매물인
만큼 중개보수료 최고요율을 받기도 쉽고, 매물에 따라 컨설팅료도
넉넉히 챙길 수 있다. 중개업을 투자 매물 찾기 위한 목적으로 시작
한 사람이라면 반드시 필수로 키워야 하는 전문성이다.

남들이 보기엔 하찮은 매물이 결국은 시간이 지나 수십 배의 값
어치로 탈바꿈된 사례가 부동산업계에서는 수없이 많다. 매물의 값
어치를 판단할 수 있는 매물 전문성을 갖추고 있지 않다면 하위
99%의 공인중개사들이 할 수 있는 확률 게임 계약에만 머물러 있
게 되고 그러면 매출은 경기 영향에 수없이 휩쓸린다. 그래서 상위

1%의 고수입으로 가기 위해서는 이 매물 전문성이 필수이다.

매물 전문성으로 인한 계약 사례를 몇 가지 오픈하겠다. 핵심 노하우를 이 책에서 모두 설명할 순 없지만 여기서 나열한 다양한 사례의 경험치만으로도 당신의 매물 전문성은 지금보다는 두 단계 높게 상승할 것이다. 이 매물 전문성이 높아지자 NSR 수강생 중 한 명은 그리도 하찮고 별로라고 등한시하던 매물로 계약을 바로 체결해 월 1,000만 원을 벌어왔다. 나 역시 다른 중개사가 창고나 사무실로만 들어와야 한다며 브리핑하던 창고나 공실로 채워진 죽은 상권에 매장을 대거 입점시켰다. 결국 상가 상인들은 좋은 매출을 냈다. 지금은 권리금 없이 들어올 수 없는 상권이 되었다.

하루는 우리 직원이 담당하던 매물에 문의가 계속 왔다. 대략 20여 명의 고객과 통화를 했는데도 계약으로 연결되지 않았다. 이상하다 생각되어 그 매물을 파악해보니 상당히 매력적인 매물이었다. 그때부터는 내가 전화를 받았다. 그리고 바로 열 명의 고객을 줄 세워 이 매물과 가장 적합한 고객과 계약을 성공시켰다. 고객에게 매물 전문성으로 브리핑이 가능했기 때문에 고객이 계약하고 싶다고 안달이 난 것이다. 심지어 몇몇 고객은 이 매물을 본인이 계약할 수만 있게 해준다면 컨설팅료까지 챙겨주겠다고 제안했다.

당신은 매물 전문성을 장착할 준비가 되었는가? 다음의 사례들을 모두 읽은 후 NSR 6단계 미션을 꼭 수행해보기 바란다.

죽어가는 상권의 공실 상가 줄 세워 계약하기

강남에서 중개사 열 명과 중개업을 하다 NSR컨설팅을 프로세스화 하고 수원으로 왔다. 개인적인 사정상 수원으로 이사했는데 강남으로 출퇴근하는 것이 버거웠다. 챙겨야 할 사람이 많다 보니 이동 시간이라도 줄여야겠다는 결론을 내렸다. 내가 생각하는 나에게 좋을 곳에 자리를 잡았다.

〈중개의 정석〉 2권을 집필하며 쉬엄쉬엄 일하고자 선택한 장소였다. 유튜브 '부동산논리정연'에서도 공개했던 바와 같이 700만 원으로 창업했다. 6만 원짜리 간판을 걸고, A4용지에 상호를 적어 사무실 앞에 붙여놨다. 사무실은 전면이 아닌 상가 복도 쪽에 위치하다 보니 하루 종일 지나가는 사람이래봤자 몇 사람 없다. 그럼에도 그 몇 안 되는 사람들이 관심을 가져주었다. 그들의 관심 어린 덕담을 정리해보면 대략 이런 내용이다.

"어쩌다 이 시기에…… 어쩌려고 여기다 부동산을 차리세요?!"

그렇게 수원에서 중개업을 시작했다. 직원 채용 공고를 올렸다. 죽어가는 상권이라 소문나 텅텅 빈 공실들로 즐비한 상가 건물 후면에 위치한 부동산에 취업을 하겠다고 찾아오는 사람은 없었다. 채용 공고한 지 한 달이 되자 남자 한 명이 왔다. 왜 왔느냐고 물으니 다른 곳에서 안 받아줘서 왔다고 한다. 참 솔직한 친구였다. 강남에서는 입사하겠다는 사람이 줄을 섰는데 수원에 오니 부동산 위치 보고는 아무도 입사하려 하지 않았다. 그렇게 그 직원과 중개업을 시작했다.

회원 업소도 아닌 창고를 꾸미며 시작한 부동산 사무실이었기에 매물이 있을 리 만무했다. 이 동네에 아는 사람도 없었다. 직원이 말했다.

"이제 뭐하죠?"

내가 말했다.

"저 앞에 나가면 '임대 문의'라고 임대인이 붙여놓은 거 있어요. 거기 번호 적어와서 임대인과 통화하고 인터넷에 광고 올려요."

그러자 직원이 말했다.

"공실이기도 하고 그렇게 임대인 번호 붙여놓은 매물이라면 잘 안 나가는 매물인 거 아니에요?!"
"네! 일단 올려봐요."

그러자 직원은 나가지도 않을 안 좋은 물건을 왜 자신을 시키나, 자신을 호구라고 생각하나 의심 어린 표정을 지으며 투덜투덜 나가서 전화번호를 적어왔다. 그도 그럴 것이 우리 사무실은 광고비는 지원해 주지만 등기부 등본은 직원이 자신의 돈으로 열람해야 했기에 불만이 더 컸을 것이다.
직원이 임대인에게 전화를 하니 임대인은 더 가관이었다. 임대인은 어떤 중개사에게 최면이라도 걸린 듯 자기 매물의 단점만 주구장창 설명해주었다. 그 이야기를 듣던 우리 직원은 이 매물은 절대 안나갈 나쁜 매물이라며 이 일을 시킨 나를 사기꾼 보듯 쳐다봤다. 속으로 나는 웃겨 죽는 줄 알았다. 왜 웃음이 났는지는 뒤에서 설명하겠다. 하지만 겉으론 그냥 일단 올리라고만 했다.

다음날이 되자 그 하나 있는 매물을 보고 고객에게 전화가 왔다. 그 고객은 나에게 물었다.

"사장님, 네이버 매물보고 전화했습니다. 매물 번호 불러드릴까요?"

내가 말했다.

"아, 네. 고객님 ~ 뭘 보신 건지 알아요. 저희 매물 그거 하나밖에 없어요."

이렇게 말하곤 고객과 나는 한참 웃었다. 그렇게 수원에서 그 고객과의 첫 통화로 중개업이 시작되었다. 그리고 어떻게 되었겠는가. 일 년이 넘게 공실로 있던 그 매물 하나로 곧바로 네 건의 계약을 했다. 그 매물 하나로 고객을 줄 세운 것이었다. 그때 그 매물 하나로 계약한 고객들과 총 열 건의 계약을 체결했다. 매매도 여러 건 섞어서 말이다.

직원이 나를 사기꾼 쳐다보듯 할 때 내가 속으로 웃을 수밖에 없던 이유가 여기에 있다. 남들이 보기엔 하찮고 나빠 보이는 물건이지만 나에게는 그중 보물을 알아볼 수 있는 매물 전문성이 있기 때문이었다. 이 매물은 남들 눈에는 위험한 매물이었다. 매장 양쪽 입구에는 매장 반을 가릴만한 큰 기둥이 있었고, 죽은 상권의 후면에 위치해 간판도 달 수 없었다. 그 매물을 가지고 있던 다른 부동산의 대표는 고객과 나에게조차 그 매장은 창고나 사무실로만 들어와야지 상가로 들어오면 망해 나간다는 브리핑을 했다.

그러나 내가 보기엔 귀한 매물이었고, 그 매물의 값어치가 몇몇 사람의 잘못된 판단 때문에 저평가되어 있다는 것이 보인 것이었다. 그래서 직원과 임대인이 매물의 값어치를 저평가할 때 나는 아니라고 생각할 수 있었던 것이다. 남들보다 높은 매물 전문성이 있으니 매물에 대한 값어치를 판단할 수 있었고, 고객들을 이 매물에 들어오고 싶어 안달나도록 하는 브리핑이 가능했던 것이다. 상황과 매물은 같은데 중개사가 가진 매물 전문성으로 브리핑이 달라지자 고객이 서로 입점하겠다고 줄을 서는 상황이 발생했다. 매물 전문성은 보통 중개사들이 비싼 권리금에 비싼 임대료를 내면서도 계약 한 건 하지 못한 시기에 수시로 계약이 일어날 수 있도록 도와준 큰 요소가 된다.

타이탄의 도구 - 시세보다 40% 비싼 상가 계약하기

남들이 모두 좋다고 말하는 매물을 계약할 확률이 높고 그로 인해 높은 중개보수료를 받는 계약이 가능할까? 보통 초보들은 이런 좋은 매물이라면 이미 계약할 고객들이 즐비한 고수들에게 뺏기기 쉽다. 만약 운이 좋게 이런 매물을 계약한다 해도 스무 건의 계약 중 한 건 있을까 말까 한다. 상위 1%의 공인중개사는 매물 전문성을 높여 계약 확률을 높인다.

상가를 매도하고 싶다는 고객 Q씨에게서 연락이 왔다. Q씨는 어디서 기가 한껏 죽었는지 부탁하듯 한 말투로 매물을 내놓았다. 자신이 십여 년 전 구매한 상가를 팔고 싶은데 현재 시세가 자신이 십여 년 전 구매한 매입가의 60% 정도밖에 안돼 턱없이 부족하다며 몇 년이 걸려도 좋으니 자신이 매입한 가격에 팔 수 있을 때 팔아달라는 것이다.

내가 물었다.

"현재 시세를 누가 이야기 해주신 거에요?"

Q씨가 말했다.

"아는 부동산들하고 일대 부동산 대략 스무 군데 전화했는데 현재 그 정도 시세라고 하더라구요."

Q씨에게 몇 가지를 더 물어본 후 내가 매물을 팔 수 있을 때 다시 전화를 드리겠다 말하곤 끊었다. Q씨는 십여 년 전 당시 돈으로 거액을 투자했는데 오르기는커녕 주변 부동산이 매입가의 60%가 시

세라고 말하며 팔리지도 않으니 자신의 상가가 쳐다도 보기 싫은 존재가 된 것이다. 그래서 본전만 회수할 수 있다면 팔아 치우고 싶다는 것이었다. 어찌나 구구절절 이야기를 해주었는지 Q씨가 십 년간 겪은 고통이 고스란히 전해질 정도였다.

Q씨와 통화를 끝내고 매물을 분석하기 시작했다. 가치 평가를 할 만한 정확한 데이터가 없을 정도로 주변 매매 사례가 적었다. NSR 매물 전문성 방식으로 분석하고 여러 시뮬레이션을 돌려보았다. 그러자 상당히 매력적인 매물이라는 판단이 섰다. 내가 사고 싶을 정도였다. 나는 Q씨가 매물을 내놓은 지 이틀 만에 그 상가를 매매해 주겠다고 전화했다. 그리곤 하루만에 계약을 완료했다. 그것도 Q씨가 원하는 금액으로 말이다.

수원에 터를 잡은 지 얼마 되지 않았지만 그 짧은 시간 동안 나와 계약을 하고 꾸준히 투자 매물을 의뢰한 몇 분의 고객이 있었다. 주기적인 통화와 미팅을 하며 투자 매물의 눈높이를 파악하고 있었다. 눈이 상당히 높은 고객들이었고 안전하게 투자할 매물이 나오면 바로 매입할 수 있는 자금이 준비된 사람들이었다. 몇 명의 투자자 중이 매물이 가장 적당하다고 판단되는 고객에게 먼저 기회를 주었다.

이 매물에 대한 가치를 브리핑했다. 이 고객들 역시 투자에 관심이 많았고 매물 공부를 많이 하고 있었던 차라 내가 한 브리핑을 이해했다. 매물 브리핑을 한 지 몇 시간만에 매입을 결정했다. 그렇다면 스무 군데가 넘는 부동산에서는 매입가의 60%가 시세라고 했는데, 나를 믿고 투자한 사람은 바가지를 쓰고 매입한 것일까?!

결과적으로 매매를 해준 후 3개월이 지나자 이 매물은 1층 상가 중 최고 수익률을 냈다. 매매 가격과 임대료 그리고 위치를 전해 들은 나의 지인들은 왜 자신에게 먼저 제안 안했느냐고 아쉬워했다. 이런 매물이 또 나오면 언제든 계약금을 입금하겠노라며 줄을 설 정도였다. 동네 몇 군데 부동산 사장들은 그런 좋은 매물이 있었느냐며 놀라기도 했다.

남들이 모두 관심을 갖는 매물은 정작 중개하기 쉽지 않다. 이유는 분초를 다투거나 중개사가 중개보수료를 거의 포기해야 매물을 내놓는 고객이 많기 때문이다. 그러나 이런 매물 전문성을 가지고 있다면 황금같은 매물을 남들이 알아채기 전에 계약으로 연결해 큰 수입을 얻을 수 있다. 남들이 받지 못하는 프리미엄까지 더해서 말이다.

황금 타이밍 캐치 능력

하루는 평소 알고 지내던 고객 R씨에게서 전화가 왔다. 내가 임차 계약을 해준 매물은 아니었지만 자신이 운영하는 매장을 나에게 내놓고 싶다는 것이었다. 입주 당시 인테리어 비용을 많이 투자하고 입주한 것을 알던 나는 말릴 수밖에 없었다. 현재 사업도 잘되고 이제 겨우 2년 남짓 운영했는데 굳이 옮기려는 이유가 무엇인지 물었다. 그러자 R씨는 자녀 학교 때문에 타 지역으로 이사를 해야 한다는 것이었다.

어쩔 수 없는 이유라 생각해 아쉽지만 매물 접수를 받았다. R씨는 인테리어 비용 등을 계산해 권리금을 받아달라고 했다. 그런데 임대료가 내가 알던 임대료가 아니었다. 어떻게 된 것인지 묻자 임대료를 한번 올려 줬다는 것이다.

하지만 입주 시에도 면적 대비 낮지 않았던 임대료였는데 상가임대차보호법상의 상한률인 5%를 훨씬 넘겨 올려준 것이 이상해 어찌된 사정인지 자세히 물었다. 그러자 임대인이 임대료가 현재 시세, 물가상승률과 이자율 등을 감안하면 형평에 맞지 않아 현시세에 맞을 때까지 올려야 한다고 해 임대료 상승에 동의한 것이라고 했다.

그리곤 매물을 내놓은 지 며칠 지나지 않아 다시 좀더 운영해 보겠다며 매물을 거둬들였다. 자녀 교육 때문에 수개월 내 이사는 확정되어 있었지만 옮겨야 할 타이밍을 못 정하는 듯 했다. R씨가 무조건 퇴거해야 하는 시기를 감안해 언제 퇴거하는 것이 좋을지 검토했다. 일반적인 상황이라면 자녀 입학 시기에 맞춰 최대한 오래 있다가 이전할 것을 권했을 것이다. 그러나 상황이 일반적이지 않아 퇴거 일정을 계산해야겠다고 생각한 것이다.

상황은 이랬다. R씨는 입주한 지 2년이 지나자마자 상가임대차보호법상 상한률인 5%를 넘어선 8%의 임대료를 올려줬다. 일반적이지 않은 상승률에 그 이유를 물어보니 그간 소유자가 바뀌었다는 것이다. 매매 가격이 전 임대인에 비해 높아 유지비 등 부대 비용이 높아졌다는 이유를 들며 임대료 상승을 요구했던 것이다. 통상 이 경우 임차인은 임대인의 이런 요구에 불응하게 마련인데 너무 쉽게 동의했다. 이유를 묻자 임대인과 얼굴 붉히기가 싫어 올려줬다는 것이다.

상가임대차보호법으로 임대료 상한률이나 계약갱신청구권 등 다양한 법률로 임차인을 한층 더 보호하고 있다. 하지만 현장에서는 임대인이 작정하고 임대료를 올리려고 하면 다양한 방법으로 그 목표를 달성하는 것을 많이 보았다. 이런 임대인에게 혹여 마음 여린 임차인이나 그 매장에서 퇴거 시 사업의 존폐가 위협될 정도의 사업이라면 울며 겨자먹기로 임대인의 요청에 응하곤 한다.

실제 서울에서 중개할 때 수단과 방법을 가리지 않고 꾸준히 임대료를 올리는 임대인을 만난 한 임차인은 입주 시 2억 원의 권리금을 주고 입주했다가 퇴거 시점에는 주변 시세 대비 너무 올라 있는 임대료 때문에 새로운 임차인을 구할 수 없었다. 결국 그 임차인은 2억 원의 권리금 회수는커녕 원상 회복 비용까지 물어주고 퇴거했다.

그간 위 사례와 같은 여러 상황을 보며 큰 손해로 이어진 임차인들이 매우 안타까웠다. 만약 이런 일이 우리 고객에게 일어날 것을 우려해 상가임대차보호법에 대해 더 열심히 공부했던 것 같다. 임대인이 작정하고 임대료 상승을 꾸준히 요구했을 때 법원에서 용인할 수 있는 한도가 어디까지일까? 이 부분을 계산해 보는것이 시급했다. 가능 상승률을 판단하려면 매물 전문성이 갖춰져 있어야 한다.

법적으로 연 5% 이상의 상승을 금지하고 있다. 이마저도 당사자 둘 간의 합의가 안될 경우 올릴 수 없다지만 임대료가 현재 시세와 맞지 않다면 임대인은 법원에 그 판결을 구해 올릴 수 있다. 법원에서는 시세와 금리, 이 부동산을 보유하면서 들어가는 비용 등 다양한 요소를 가지고 임대료 상승의 적정한 금액을 판단한다. 매물 전문성으로 시세 등을 파악해 R씨 매장의 임대료를 최고로 올릴 수 있는 금액을 계산해 보았다. 만약 계산된 임대료까지 상승된다면 R씨는 권리금 회수는커녕 운영 자체가 위태로울 수 있다는 판단이 들었다.

반대로 시세와 형평성을 고려했을 때 임대료 상승이 불합리하다 판단되면 나는 퇴거가 아닌 다른 방법으로 고객을 돕곤 한다. 하지만 R씨의 사례는 임대료 상승 가능 범위가 매우 높았고, 임차인인 R씨가 자신의 권리를 주장하기보단 수긍하는 성향이기에 빠른 퇴거가 도움이 되겠다는 판단이 섰다.

이런 정황이 정리되니 아직 새로운 임차인을 구할 수 있는 상황에 이전할 수 있도록 도와야겠다는 생각이 들었다. R씨는 다행히 이 매장이 아니어도 사업에 큰 영향이 가지 않을 만한 막강한 마케팅 플랫폼도 가지고 있었다. 거기다 R씨가 퇴거하는 게 맞다고 판단한 결정적인 계기는 임대인과 불편한 상황이 되는 것을 싫어했기 때문이었다. 이번에 임대료 상승에 동의해준 것과 같이 분명 임대인이 머지않아 또 올려달라고 하면 동의할 성향이었다. 여러 가지 정황을 봐도 이전할 수 있을 때 도와주는 것이 맞았다.

R씨에게 그 매장에서 사업을 지속할 시의 장단점을 알려주며 이전을 적극 권하는 브리핑을 했다. 그러자 R씨는 내 말에 동의하고 미련 없이 매장 이전을 결정했다. 임대인이 시세에 맞게 임대료를 올려야 한다고 해 임대료를 올려줬다는 말이 계속 마음에 걸렸다. R씨에게 현재 임대료로 새로운 임차인을 구해도 되는지 임대인에게 다시 한 번 확인해달라고 요청했다. 그러자 R씨가 이렇게 말했다.

"네, 당연하죠. 이번에 임대료 8% 올려준 지 몇 개월도 안 지났는데 설마 새로운 임차인한테 더 올려달라고 하겠어요?!"

내가 말했다.

"네, 더 높은 금액으로 임차를 원할 수 있으니 다시 한 번 꼭 확인해주세요."

임차인 R씨는 설마하며 임대인과 통화했다. 그러자 임대인은 현재 임대료의 9%를 더 올려서 내놓아야만 새로 구해진 임차인과 계약을 체결하겠다는 것이었다. R씨는 놀라서 말문이 막혔다. 나는 계산해본 수치를 알고 있었기에 R씨에게 확인을 요청했던 것이다. 임대인 입장에서는 현 임대료가 시세와 맞지 않다 생각해 올려서 계약하고 싶겠지만 이 매장에 입주할 수 있는 소상공인 입장에서는 제한된 면적에서 9% 상승된 임대료를 감당할 수 있는 임차인의 범위가 대폭 줄어들 수밖에 없다. 소상공인이 아닌 이미 사업이 안정된 사업체의 임차인이 필요했다. 타이밍을 놓치면 R씨는 권리금은커녕 원상 회복을 하고 나가는 상황이 될 것이 불 보듯 뻔했다.

R씨가 이전 시기를 고민하던 중 그 주변에서 매우 유명한 한 업체의 대표 S씨라는 사람에게서 연락이 왔다. 그 S대표는 나를 지인에게 소개받아 전화했다며 이 매물을 임차하고 싶다는 말과 함께 이렇게 말했다.

"그 임차인은 공사도 하루밖에 안 하고 들어왔고 시설을 한 게 없어요. 그러니 현재 이 매물에 임차인이 권리금을 받아나가는 것은 형평에 맞지 않아요. 권리금 없이 내보낼 방법이 있으니 그 과정을 도와주십사 연락드렸습니다."

중개보수료는 잘 챙겨주겠다는 말과 함께 말이다. S대표는 그 건물에서 인정받으며 안정되게 사업을 하는 사람이었다. 그런 사람이 한낱 소상공인을 시설비 반도 못 미치는 권리금조차 안주고 쫓아내고자 이런 꼼수를 쓰려 한다는 것에 충격을 받았다. 명예와 재력 모두 있는, 내가 알던 그 사람이 맞나 싶을 정도로 자신의 인성을 적나라하게 드러내보이는 멘트였다.

나는 너무 놀라 일단 잘못 알고 계신 것 같다며 사실과 다른 말을 정정했고, 권리금을 꼭 받아나가야 하는 상황을 그 S대표에게 설명했다. 그래도 막무가내로 권리금은 줄 필요가 없다며 임대인과 만나게만 해주면 자신이 알아서 할 테니 진행을 도와 달라는 것이었다. 일단은 이 임차인이 이전할지 말지를 아직 고민하고 있으니 이를 확정한 후 연락하겠다며 전화를 끊었다.

막무가내였다. 그대로 있다간 R씨는 내가 생각한 최악의 시나리오로 퇴거할 것이 뻔했다. 왜냐면 그 S라는 대표는 나에게만 물어본 것이 아닌 듯했기 때문이다. 이미 여러 곳을 알아보다 연결이 닿지 않자 소개받아 연락한 듯했다. 거기다 임대인은 자신에게 매매를 중개해준 중개사의 말만 듣고 나와는 통화조차 하지 않으려 했다. 모든 상황이 R씨에게 불리하게 돌아가고 있는데 재력과 명예를 가진 S대표까지 합세하니 그야말로 상황이 말이 아니었다.

다행히 S대표에게 연락이 오기 전 이 매물의 임차를 물어오던 업체가 있었다. 이 업체와 계약이 가능하다면 이때가 최상의 시나리오로 퇴거할 수 있는 황금 타이밍이라 판단됐다. 이 업체 역시 R씨의 매장이 매우 필요한 상황이었고 재력과 명망이 있는 업체이다 보니 임대인에게도 현재 임차인보다 더 좋겠다는 판단이 섰다. 모두에게 이익이 되는 계약이었다. 이 업체의 의사를 확인한 후 나와 직접 통화를 안 하겠다던 임대인에게 내가 할 수 있는 방법을 총동원했다.

임대인은 곧 나에게 연락을 주었다. 임대인은 나의 브리핑을 이해해주었고 내가 요청하는 업체와의 계약에 동의했다. 임대인과 연락도 어려운 상황에 막무가내식 S대표의 행동은 나 아닌 다른 루트를 통해 임차인 R씨를 위험한 상황으로 내몰 수 있겠다는 생각에 내가 할 수 있는 모든 방법을 동원한 계약이었다.

급박한 상황에 진척 없어 보이던 계약은 일순간 수월하게 진행되었다. 세상에 수호신이라는 존재가 있다는 말이 사실인가라는 생각이 들었다. 안전 장치를 깔아두고 그 어느 때보다 초스피드로 계약을 진행해 완료했다. 잔금이 완료되고 며칠 뒤 나에게 S대표의 직원이 전화를 했다. 내가 계약한 것 같아 보였지만 물증이 없으니 우회적으로 의심하는 말만 남긴 채 다른 매물을 문의했다.

NSR 6단계의 매물의 적정성을 판단하는 실력이 되면 고객에게 좋은 판단을 할 수 있는 도움을 줄 수 있다. 나는 이 사건에서 매물의 상승 가능 금액을 파악할 수 있었기에 R씨의 이전 황금 타이밍을 제시할 수 있었다. 만약 R씨가 매물을 거둬들이고 몇 개월 더 운영했다면 어떻게 됐을까? R씨는 너무 높은 운영비로 버거워 하다 꼭 옮겨야 하는 타이밍에 큰 손실을 보고 털고 나오는 극단의 상황과 마주했을 것이다.

당시 경영난을 빌미로 퇴거하겠다고 요청했음에도 불구하고 새로운 임차인과의 계약 시 임대료를 또 9% 올려서만 계약하겠다는 임대인의 예상치 못한 답변에 R씨는 놀란 가슴을 쓸어내렸다. 그리곤 R씨는 이전을 결정하고 빠르게 옮길 수 있게 도와주어 감사하다는 말을 전했다.

소상공인은 황금 타이밍을 놓치면 시설비 일부의 회수는커녕 원상 회복 비용, 만기 시까지의 임차료까지 그 손해금의 범위가 상당히 크다. 나와 인연을 맺은 고객이나 지인에게 잠시 힘을 보태줄 수 있는 실력이 있으면 보람을 느끼며 중개를 할 수 있다.

[NSR 6단계 미션]
매물 전문성 레벨 테스트

당신에게 매물 전문성이 있는지 판단하고 싶다면 노트를 꺼내고 다음 미션을 해결해본다. 1번부터 3번까지 해보면 자신의 매물 전문성이 어느 정도의 위치인지를 짐작하게 된다.

1. 경제적 공동체나 지인이 그 매물 정말 좋은 것 같다고 매수 의사를 밝히거나 지인에게 소개하겠다는 말을 그에게서 들을 수 있다면 상당히 수준 높은 매물 전문성을 갖추고 있을 가능성이 있다.
2. 하지만 자신이 가진 매물 중 매력적인 매물이 하나도 없다고 결론을 내렸다면 하위 99%의 중개를 하고 있을 가능성이 매우 높다.

1-1. 지금 당장 계약할 만한 매력적인 매물이 있는가? 있다면 부동산 정보를 기입한다. 없다면 가지고 있는 매물 중 그나마 제일 좋은 매물이라 생각하는 매물을 적어보라.

<오늘>

1-2. <3개월 후>

1-3. <6개월 후>

2-1. 위 1번의 매물은 당신도 사고 싶을 만큼 괜찮은 매물인가?

<오늘>

2-2. <3개월 후>

2-3. <6개월 후>

3-1. 당신도 사고 싶은 매물이라면 경제적 공동체에게 "당장 사자"라는 말을 들을 수 있게 브리핑해보라. 만약 당신은 사고 싶지 않은 매물이라면 고객은 왜 사야 하는지, 왜 매력적이라 생각한 것인지 적어보고 가장 친한 친구나 지인에게 전화로 브리핑을 해보라.

<오늘>

3-2. <3개월 후>

3-3. <6개월 후>

Chapter8.

NSR 7단계
설계 가능한
부동산협상전문가로서의 비상

NSR 7단계 - 계약 제3의 문

NSR컨설팅의 1단계에서 6단계를 유연하게 사용할 수 있는 단계가 되면 'NSR 7단계 - 계약 제3의 길'이 열린다. 고객을 위해 내가 해줄 수 있는 것이 많아지고, 그로 인해 자연스럽게 매출이 따라오는 단계이다. 남들이 몇 개월을 매달려도 하지 못하는 계약을 전화 몇 통으로 하게 된다. 고객이 친해지고 싶다며 지인들을 소개해주고, 이 책에서는 밝히지 못했지만 매물 컨설팅이나 고액의 시간당 페이를 받고 업무를 하는 등 다양한 기회를 만나게 된다. 그중 내가 NSR 7단계가 가능함에 감사한 일은 예나 지금이나 곤란에 처한 고객이나 지인을 간단하게 도울 수 있는 능력이 생긴다는 것이다.

중개를 하다 보면 남의 것을 탐내는 사람을 종종 만난다. 서울에서도 강자가 약자에게 장난치는 사건을 수없이 해결했지만 이곳 수원에서도 사람만 바뀌었을 뿐 같은 유형의 사건이 또 발생했다.

이 사례는 1단계에서 6단계까지 모두 적절히 활용하여 해결하고 계약으로 연결했던 건이었다. **6단계까지 마스터한 사람이라면 이 사례를 읽으면서 내가 해결한 솔루션이 눈에 보일 것이다. 그것이**

어느 정도 읽혀진다면 이 7단계에 근접했다고 생각해도 좋다.

이 사례는 한 사업가가 사업이 잘되다 보니 부득이 확장은 해야 하는데 확장할 수 있는 장소가 없어 생긴 에피소드다. 확장할 장소가 없다 보니 타인이 운영하는 매장을 넘본 것이다. 합법적으로 확장한다면 문제될 것이 없지만, 자신이 가진 재력 등의 힘으로 기존 세입자의 영업장을 빼앗으려 한 경우는 당연히 문제가 된다.

하루는 내가 중개를 해주었던 임차인 T씨에게서 연락이 왔다. 퇴근 시간 이후 운동 중에 전화가 왔고 너무 늦게 확인해 다음 날 연락했다. 내가 전화하자 T씨는 이렇게 말했다.

"대표님, 큰일났어요!"
"네? 뭔 큰일? 완~전 대박났어요?"

나는 너스레를 떨며 이야기했다. 왜냐하면 이 업체는 입주한 지 얼마 안되어 억대의 인테리어 비용을 뽑을 정도로 사업이 잘 되었고 현재 입주한 지 3년여가 되어가는데도 꾸준히 잘되고 있었기 때문이었다.

T씨가 창업하고 싶다고 찾아왔을 당시 T씨에게 적당한 매물이 없었다. 매우 세련되고 고급스러운 이미지가 잘 맞는 사람이었다. 자신도 잘 아는 듯 고급스러운 이미지를 낼 수 있는 매장을 원했다. 그러나 직원으로 일하다 처음 창업하는 것이다 보니 고급스러운 이미지를 내자고 비싼 임대료의 매장을 권할 수 없었다. 적당한 매물이 나올 때까지 조금 더 기다려보라고 권했다.

직장 생활을 하다 창업을 결심하고 매물을 알아보는 사람들은 상당수 오픈하면 당장 일확천금을 벌 수 있다는 기대 심리가 증폭되어 있는 상태이다. 그러다 보니 자신이 생각한 기준과 맞지 않아도 현재 나와 있는 매물 안에서 무리하면서 계약을 하려고 한다. 그런데 T씨는 내가 한 말을 믿고 이 매물을 소개해줄 때까지 2개월을 기다렸다. 나에 대한 신뢰도 있었지만 옳고 그른 것이 무엇인지 빠르게 캐치하는 좋은 판단력도 가지고 있었다. 이 매물을 계약하고 어느 정도 매출을 올려놓을 때까지 T씨는 하루 세 시간의 수면만으로 버텼다. 남들보다 두세 배 노력하는 스타일이었다.

이 매물은 T씨에게 맞는 고급스러운 이미지를 내면서도 매물 전문성으로 가치를 판단해본 결과 임대료도 매우 좋은 가격이었다. 시중에 오픈되지 않은 매물인데 내가 다른 계약을 하면서 정말 운좋게 받게 된 매물이었다. 좋은 매물은 찾았지만 모든 상가 계약 현장이 그렇듯 절대 호락호락하지 않았다. 거기다 임대인은 건설업에 잔뼈가 굵은 소위 큰손이었다. 이 매물의 값어치를 아는 사람이 쉽게 좋은 가격에 조건 없이 내놓을 리 만무했다. 아니나 다를까 계약하는 과정에 계약 조건을 몇 차례 변경했다. 이 변경되는 조건들을 임대인, 임차인 양 당사자에게 모두 이익이 되는 방식으로 조율하고자 협상력을 상당히 발휘했던 계약이었다. 우여곡절 끝에 감사하다는 말을 들으며 계약을 잘 마무리했다.

입주 후 T씨는 좋은 성과를 내며 꾸준히 사업을 잘 해왔던 터라 저녁 늦게 부재중 전화가 온 것을 확인해 별일 아닌 간단한 문의겠구나 생각하고 다음 날 연락했던 것이다. 그런데 다음날 T씨가 말한 큰일을 자세히 들어보니 정말 '큰일'이었다. 상황을 간략히 정리하면 이렇다. 같은 건물 내 다른 업종의 S대표가 자신의 사업이 잘 되어 확장해야 하는데 확장할 수 있는 매물이 없다 보니 T씨의 매장을 넘본 것이었다.

그냥 툭 찔러본 정도가 아니고 직접 임대인을 찾아가 T씨를 내보내 주면 좋은 가격에 이 매물을 매수하겠노라고 매매 가격까지 정해 매수를 제안한 것이었다. 마침 임대인은 다른 사업이 크게 잘 되어 바빠지면서 이 매물 신경쓰는 것이 버거웠던 참이라 흔쾌히 이를 수락했던 모양이었다. 임대인은 이 매수 요청에 임차인 T씨를 찾아와 매장 이전을 요청했고 T씨는 이에 놀라 전화를 한 것이었다.

임대인이야 그 일대에서 알아주는 큰손이고 현재 하는 건설업이 얼마나 바쁘게 움직이고 있는지 알았기에 이 매물 신경 쓰기 힘들겠다는 입장이 이해가 갔다. 하지만 이 상황을 만든 같은 건물 내 그 S대표의 행동에는 그야말로 말문이 막혔다. 왜냐면 이 S대표라는 인물은 이 전에 소개한 사례에서 다른 임차인을 권리금 한 푼 못 받게 하고 내쫓으려 했던 그 사람이었기 때문이다. 그래도 그 동네에서 꽤나 유명하게 인정받고 인지도 있는 업체의 대표라는 사람 본인이 나서서 자신의 이익을 위해 자신보다 훨씬 작은 규모의 소상공인 매장을 함부로 또 한 번 가로채려 한다는 말을 들으니 그의 인성이 의심될 정도였다.

안절부절 못하는 임차인 T씨에게 나는 잠시 생각 좀 해보고 다시 연락하겠다며 전화를 끊었다. 또다시 힘없는 임차인을 괴롭혀 자신의 이득을 취하려는 그 S대표의 행동에 화가 났지만 일단은 T씨와 임대인의 상황을 종합적으로 고려해 양 당사자에게 도움이 될 수 있는 방법이 무엇인지 판단하는 게 우선이었다.

T씨가 다른 위치로 매장을 옮길 경우의 이해 득실을 따져봤다. T씨가 옮길 수 있는 후보지를 검색했으나 어디에 들어간다 한들 현재 있는 매장보다 위치 값과 수익성, 가시성, 접근성이 떨어졌다. T씨의 매물 위치는 자타 공인 이 지역에서 최고의 상권이라 말하는 곳이기 때문이다. 그리고 T씨는 업종 특성상 여러 건의 회원권을 판매한 상태였기에 위치 변경은 사업장에 큰 손실과 직결될 수 있었다.

그래도 임대인이 매도해야 하는 상황을 배제할 수 없었다. S대표는 T씨가 퇴거에 불응하더라도 일단 매수할 생각이 있다고 할 정도로 적극적이었다. 만약 명도에 불응한 상태에서 소유자가 바뀐다고 한들 S대표의 성향으로는 어떻게 해서든 임차인 T씨를 사지로 몰아내쫓을 꼼수를 쓸 것이 뻔했다.

최악의 경우를 감안해 이전 가능한 위치의 매물을 파악하고 임대료를 계산해보았다. 어딜 가도 최소 현재 매장보다 위치나 접근성이 훨씬 떨어지면서도 임대료를 최소 50%에서 두 배는 더 주고 입점할 수밖에 없는 상황이었다. 왜냐면 계약할 당시 내가 봐도 정말 좋은 조건으로 계약을 해줬고 업종 특성과 T씨의 콘셉트상 매장 위치를 옮긴다는 것은 사업 자체의 존폐까지 우려해야 하는 상황이었기 때문이다.

상황을 판단한 후 나는 T씨에게 이렇게 말했다.

"사장님, 사장님이 그 임차 매물을 매수하세요. 제가 도와드릴게요."

임차인 T씨는 놀랐다. 이후 다양한 질문이 쏟아졌다.

"제가요? 이미 그 업체와 이야기도 되었는데 어떻게 살 수 있을까요? 당장 돈을 어떻게 구할 수 있으며…… 매매 가격은 얼마일까요?"

이 매물의 매수 적정 금액을 알려주고 이 매물을 그 가격 이하로만 살 수 있다면 무조건 매수하는 것이 답이라고 안내했다. 현재 하는 사업도 그대로 유지할 수 있으면서 좋은 투자까지 할 수 있는 상황임을 T씨에게 설명했다. 쫓겨나는구나 하는 생각에서 갑자기 매수를 고민하는 상황으로 전환된 것이다.

T씨는 내 브리핑을 듣고 매수해야겠다고 생각했지만 남편의 반대에 부딪혔다. T씨의 남편과는 몇 번 대화해보진 않았지만 T씨가 한 대부분의 현명한 판단에 가장 큰 영향을 준 사람인 것만은 확실히 알고 있었다. 그런데 그 남편이 매수를 반대하는 것이었다. 이유는 현재 사업의 본질이 아닌 곳에 투자를 한다는 것이 옳지 않다고 판단한 것이었다. 일반적인 매물이라면 T씨 남편의 이와 같은 생각은 백번 옳다. 하지만 이 매물의 매수 기회를 놓치면 두고두고 후회할 것이 뻔했다. 내가 몇 차례 돌려본 매물 적정성 판단에서 이처럼 좋은 매물을 살 수 있는 기회가 흔치 않았기 때문이다. 언제나 그랬듯 내가 매수를 권하는 매물은 내가 사고 싶을 정도의 큰 매력이 있는 매물이었다.

이 매물 역시 나도 탐이 났다. T씨는 남편과 통화할 수 있도록 연결해줬다. 그리고 T씨의 남편은 내가 브리핑한 내용을 바탕으로 투자적정성 등을 파악하고는 얼마 지나지 않아 매수하는 것에 동의했다. 매수를 결정은 했지만 매매 가격을 임차인에게 투자 값어치를 줄 수 있도록 조절하는 것이 관건이었다. 이미 타 업체에서 높은 매수 가격을 제안한 터였기에 매매 가격 조율은 훨씬 더 어려운 상황이었다. 그러나 T씨에게 매수를 권한 이유가 임차 계약을 진행할 당시부터 파악해 내가 가지고 있던 핵심 포인트를 협상에 잘 적용한다면 좋은 매매 가격을 이끌어낼 수 있다는 확신이 있었기 때문이다.

매매 계약으로 매도인도 매수인도 손해보지 않아야 한다. 양 당사자 모두 다른 선택보다 좋은 결정이었다고 생각할 수 있어야 이 NSR컨설팅에서 말하는 제대로 된 협상이다. 매물의 적정성을 파악하고 양 당사자의 이익을 가감산했다. 매매 계약의 적정한 가격을 결정했다. 그리곤 바로 협상에 들어갔고, 임대인은 T씨와의 매매 계약과 내가 제안한 가격에 동의했다. 만에 하나 발생할 돌발 상황을 우려하여 계약은 신속하게 진행했다. 이미 매수 요청이 온 매물이라 혹시 모를 상황을 계산해 안전 장치까지 살뜰히 챙겨 계약을 완료한 것이다.

비밀리에 진행한 이 계약의 계약금이 들어가자마자 이 계약의 성사 여부를 몰랐던 그 S대표는 적극적으로 움직이기 시작했다. 그리고 이내 혹시나 했던 그의 인성에 대한 의심을 확신으로 전환시키는 사건까지 발생했다. 그 S대표는 T씨를 그 건물에서 더 적극적으로 내보내기로 생각한 것인지 있지도 않은 거짓말까지 꾸며 T씨에 대해 함부로 말하고 다녔다. 이 말을 들은 나는 그래도 그분이 그 정도의 바닥 인성은 아닐 거라 믿고 싶었지만 녹음된 음성 파일에서 S대표는 분명히 그 말을 했다.

저번 사례에서도 나에게 거짓된 말을 사실인 것마냥 말해 내가 잘못 알고 계신 것 같다며 그가 한 말을 수정해줬던 것이 생각났다. 남의 매장을 탐낸 것이야 S대표에게도 어쩔 수 없는 상황이 있었고 사람이기에 할 수 있는 행동이라 생각하고 넘기려 했다. 그러나 나에게 말했던 것과 같이 다른 사람들에게도 자신의 이득을 위해 선량한 사람들에게 피해가 갈 위험한 말을 꾸며내며 퍼뜨리고 다니는 것을 보고 실망감을 감출 수 없었다.

부득이 S대표의 이와 같은 행동에 대해 듣게 된 S대표의 고객 몇몇은 조용히 다른 곳으로 거래처를 옮겼다는 이야기를 들었다. S대표의 이런 행동은 고객이 더 이상 그를 신뢰할 수 없어 그 업체와 거래하지 않을 충분한 이유가 되는 듯했다. 그 이야기를 듣고 S대표에 대한 내용이 외부에 알려지면 S대표 사업장에 막대한 손해가 끼칠 수 있다고 판단되어 최대한 이 사실이 외부에 알려지지 않도록 단속했다.

굳이 내가 이 사실을 공개하고 다니지 않아도 이 정도의 행동을 하는 사람이라면 머지 않아 알아서 그 죄값을 받는다는 것을 그동안 중개하면서 수도 없이 보아왔기에 굳이 내가 관여하고 싶지 않았다. 그래서 그 업체를 거래하는 고객들에게 함구했다.

마지막 소원이 있다면 언젠가 그 사람이나 관계자가 이 내용을 읽고 자신의 행동이 얼마나 낯부끄러운 행동인지 알 날이 왔으면 하는 것이다. 그 당사자나 지인이 이 책을 읽을 가능성은 매우 희박하지만 임금님 귀는 당나귀 귀 이솝우화처럼 어딘가 말조차 안하기엔 내가 속병날 듯하여 이 책에라도 남겨 본다.

이렇게 나는 우리 고객을 사지로 내몬 그 S대표가 우리 고객을 더이상 괴롭힐 수 없게 매우 좋은 가격에 매수하도록 도와 이 상황을 일단락했다. 매수하고 싶었지만 결국 닭쫓던 개 신세에 멈춘 자신의 상태를 보며 부디 자신의 이익을 위해 하는 거짓된 말과 이기적인 행동이 본인에게도 도움이 되지 않음을 알게 되었길 바란다.

매물의 적정성과 상황 판단 능력, 중개의 원리 등의 실력을 갖춰 NSR 7단계가 되면 누구보다 다양한 영역의 중개를 할 수 있다. 광고 없이도 나를 홍보해주는 고객이 늘고, 올리지 않은 따끈한 매물로 하루 이틀 만에 성사되는 계약도 수시로 일어난다. 곤경에 처한 고객도 지켜내고 자연스럽게 나의 매출도 상승하게 되는 단계이다.

대한민국의 중개사 전문성을 높인 상위 1% 대열에 합류하라!

나는 〈중개의 정석〉 1권과 마찬가지로 이번 〈중개의 정석〉 2권 실전편에도 노하우를 한껏 풀어냈다. 하지만 세상은 자신이 아는 만큼 보이기 때문에 이 책에서 습득할 수 있는 노하우의 크기는 각자 다를 것이다.

하위 99%의 중개업이 익숙한 사람에게는 〈중개의 정석〉 1권처럼 또 자기 자랑만 하고 해결 방법은 안 알려줬다는 생각이 강하게 들 것이다. 반면 이미 NSR컨설팅을 열심히 수료한 사장님들은 사례 속에 살뜰히 심어놓은 사건 해결 루트가 훤히 보일 것이다.

언제나 말하지만 나는 **NSR컨설팅을 상위 1%의 중개사 양성을 위해 만들었다. 하위 99%의 벽에 갇혀 자신의 돈 몇 푼만 벌 수 있으면 고객의 안전은 관심없는 부류는 최대한 경계하기 위해 문턱을 높게 만들었다. 하위 99%의 벽에 갇힌 채 이 노하우를 숙지**

하면 세 살 아이에게 종이도 벨 수 있는 검을 쥐어주는 것과 같은 격이 된다. 매우 날카롭고 단숨에 뛰어난 성과를 만들어낼 수 있는 최상위 노하우이므로 이는 꼭 선진화된 상위 1%의 전문성이 절실한 공인중개사만 숙지했으면 한다.

NSR컨설팅이 끝나고 현장으로 돌아간 많은 수강 사장님은 현재 두 가지 상황으로 나뉘고 있다.

첫 번째 부류는 컨설팅 내용을 꾸준히 사용하며 수강 기간 낸 것보다 눈부신 성과를 만들어내고 있다. 두 번째 부류는 컨설팅 기간 수천, 억대 매출까지 성과를 냈다가 현장에서 자주 만나는 하위 99% 중개사들의 마인드와 기준에 잠식당해 컨설팅 기간 낸 최고 매출 이상을 돌파하지 못하고 있는 부류이다. 만약 자신이 두번째 부류라 생각이 든다면 컨설팅 기간 낸 성과를 다시 낼 수 있도록 기억을 되새김질해 성과가 날 수 있는 요소를 최대한 많이 넣어 작성했다.

이 컨설팅을 수료한 많은 사장님이 〈중개의 정석〉 1권을 수차례 반복하며 읽는다는 말을 전해 듣는다. 같은 내용인데도 읽을 때마다 핵심 원리를 적용한 요소를 다르게 찾아낼 수 있다는 것이다. 읽다 보면 어느새 계약도 수월하게 하고 있다는 것이 책이 너덜너덜해질 정도로 여러 번 보게 되는 이유라고 한다.

자신이 두 번째 부류라고 생각하는 사람이라면 당장 주변 중개사들과 대화를 멈추고 심심할 때마다 이 책을 반복해서 읽고 현장에 적용을 반복해 컨설팅 기간 일궈냈던 눈부신 성과를 자유자재로 낼 수 있기를 바란다. 중개업의 현실에 지친 공인중개사가 참 많다는 것을 알고 이 컨설팅을 프로세스화했다. 나는 그들에게 하루가 멀다하고 정말 감사하다며 계약 후기와 매출 이야기를 전해 듣는다. 이 원리로 전국에 곤경에 처한 수많은 공인중개사에게 빛이 되고 도움이 되길 바란다.

끝으로, 〈중개의 정석〉을 통해 공인중개사의 미래 방향과 비전을 확인한 공인중개사라면 한 분 한 분이 모두 협상 전문성을 지닌 마스터가 되어, 대한민국 부동산 시장에 새로운 기준을 세우는 일원이 되길 바란다. 이 책과 함께라면 어떠한 곤경에도 당당히 맞설 수 있는 용기와 지혜를 얻게 될 것이라 확신한다. 사회적으로 인정받는 전문가로서 자신의 목표가 현실이 되는 그날까지, 나와 〈중개의 정석〉은 여러분의 든든한 동반자가 될 것이다.

상위 1% 대열에 합류하여 대한민국 공인중개사 전문성 향상을 리드할 준비가 되어 있는가?!

이 책을 모두 숙지한 지금부터가 진짜 시작이다.

Are you ready?

당신의 무한한 가능성을 꺼내서

중개의 정석2

상위 1% 중개전문가로 가는 7단계 노하우

초판 1쇄 발행 2024년 5월 3일

지은이 이정연
펴낸이 이정연
펴낸곳 이끔북스

출판등록 2024년 2월 20일 제2024-000026호
주소 경기도 수원시 영통구 덕영대로 1556번길 16 디지털엠파이어빌딩 191호 (영통동)
전화 010-5843-8858
팩스 0504-168-8858
전자우편 somyong8858@naver.com
홈페이지 http://smnsr.com/
인스타그램 www.instagram.com/nsr_consulting/

ISBN   ISBN 979-11-987511-8-8 13320